POLYGLOTT on tour

Rom

W0471711

Die Autorin

Renate Nöldeke

studierte Kunstgeschichte, Mittlere und Neuere Geschichte sowie Volkskunde. Seither zieht es sie immer wieder nach Italien, vor allem nach Rom. Für einen Reiseführer über ganz Italien erhielt sie 2008 eine Auszeichnung der italienischen Fremdenverkehrszentrale.

Der Autor

Jürgen Sorges

arbeitet als Journalist und Fotograf für diverse deutsche Zeitungen und Zeitschriften. Sein Studium absolvierte er in Berlin und Urbino. Zudem hat er mehrere Jahre lang in Rom gelebt und Bücher über das Land und seine Kunstschätze veröffentlicht.

Das System der POLYGLOTT Sterne

Auf Ihrer Reise weisen Ihnen die Polyglott-Sterne den Weg zu den bedeutendsten Sehenswürdigkeiten aus Natur und Kultur. Für die Vergabe orientieren sich Autoren und Redaktion am UNESCO-Welterbe.

*** eine Reise wert ** einen Umweg wert * sehr sehenswert

Unsere Preissymbole bedeuten:

Hotel (DZ)		Restaurant (Menü)	
●●●	über 200 €	●●●	ab 50 €
●●	100 bis 200 €	●●	30 bis 50 €
●	unter 100 €	●	unter 30 €

Wechselkurs:

1 €	ca. 1,21 CHF	1 CHF	ca. 0,83 €

Reiseplanung

Land & Leute

Unterwegs in Rom

Echt gut!

Karten

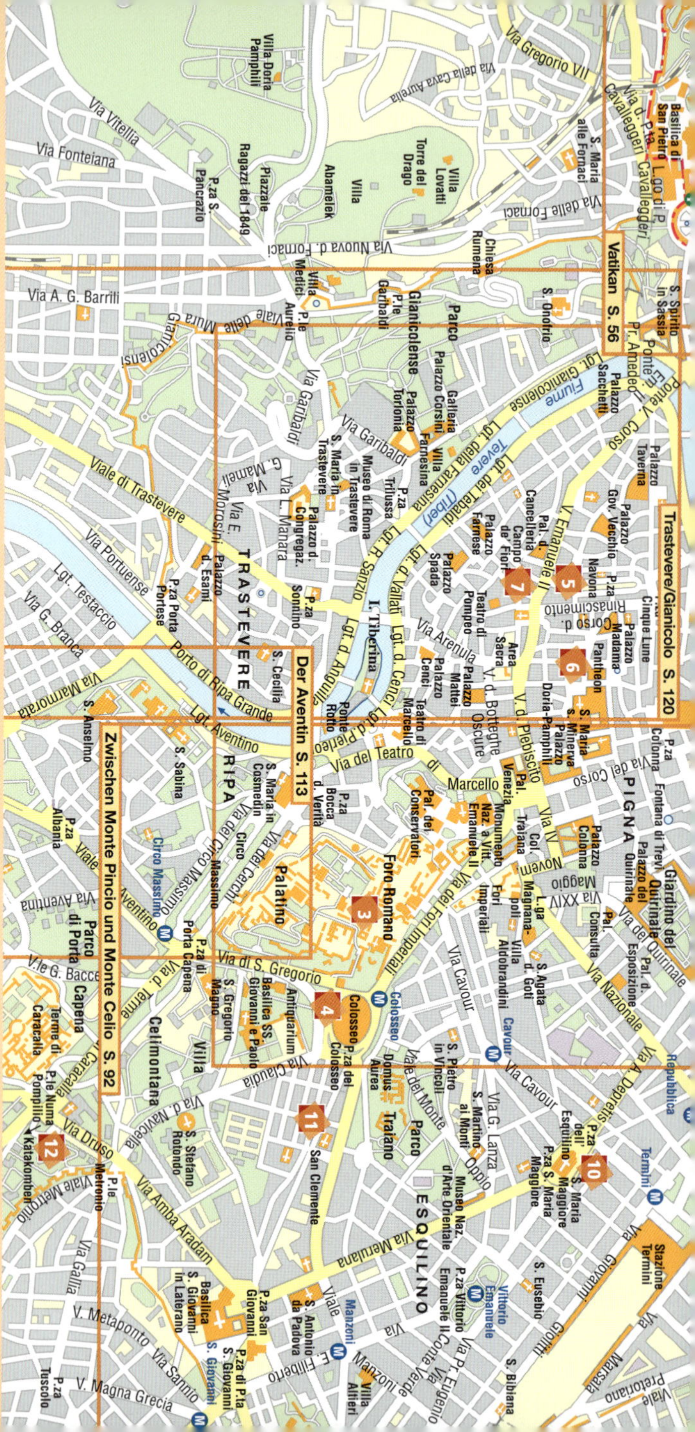
Vatikan S. 56
Trastevere/Gianicolo S. 120
Der Aventin S. 113
Zwischen Monte Pincio und Monte Celio S. 92
Basilica di San Pietro
Villa Doria Pamphili
Via Vitellia
Via Fonteiana
Piazzale Ragazzi del 1849
P.za S. Pancrazio
Villa Abamelek
Villa Lovatti
Torre del Drago
Via Gregorio VII
Via della Cava Aurelia
Via delle Fornaci
Via Nuova d. Fornaci
S. Maria alle Fornaci
Chiesa Rumena
Via A. G. Barrili
Villa Medici
P.le Aurelio
P.le Garibaldi
Parco Gianicolense
S. Onofrio
S. Spirito in Sassia
Via Garibaldi
Palazzo Corsini
Galleria Palazzo Corsini
Villa Farnesina
Palazzo Torlonia
Palazzo Sacchetti
Lgt. Gianicolense
Fiume Tevere (Tiber)
Lgt. della Farnesina
Lgt. dei Tebaldi
Palazzo Taverna
Palazzo Gov. Vecchio
P.za Navona
Corso d. Rinascimento
Pal. d. Cancelleria
Campo de' Fiori
Palazzo Farnese
Palazzo Spada
Teatro di Pompeo
Area Sacra
Palazzo Madama
Pantheon
S. Maria s. Minerva
Palazzo Doria-Pamphilj
Via del Corso
P.za Colonna
Fontana di Trevi
Palazzo del Quirinale
Giardino del Quirinale
Via Nazionale
Viale di Trastevere
Via Portuense
Lgt. Testaccio
Via G. Branca
Via Marmorata
Porto di Ripa Grande
TRASTEVERE
S. Maria in Trastevere
Museo di Roma in Trastevere
P.za Trilussa
Palazzo d. Congregaz.
P.za Sonnino
S. Cecilia
I. Tiberina
Ponte Rotto
Teatro di Marcello
Via del Teatro di Marcello
Lgt. Aventino
RIPA
S. Maria in Cosmedin
P.za Bocca d. Verità
Pal. dei Conservatori
Monumento Naz. a Vitt. Emanuele II
Pal. Venezia
Col. Traiana
Fori Imperiali
Via dei Fori Imperiali
Foro Romano
Palatino
Circo Massimo
Via del Circo Massimo
S. Sabina
S. Anselmo
Viale Aventino
P.za di Porta Capena
Parco di Porta Capena
Terme di Caracalla
Via di S. Gregorio
S. Gregorio Magno
Basilica SS. Giovanni e Paolo
Villa Celimontana
Colosseo
P.za del Colosseo
Domus Aurea
Parco Traiano
Via Cavour
S. Pietro in Vincoli
S. Martino ai Monti
Museo Naz. d'Arte Orientale
ESQUILINO
Via Merulana
S. Clemente
S. Stefano Rotondo
Via Claudia
Via Amba Aradam
Via Druso
Viale Metronio
Katakomben
Basilica S. Giovanni in Laterano
P.za San Giovanni
S. Antonio da Padova
P.za Vittorio Emanuele II
S. Maria Maggiore
P.za S. Maria Maggiore
P.za dell' Esquilino
Stazione Termini
Termini
Repubblica
Via Giovanni Giolitti
S. Bibiana
S. Eusebio
Via Magna Grecia
V. Metaponto
Via Sannio
Via Gallia
P.za Tuscolo
Via A. Depretis
Via XXIV Maggio
Via IV Novembre
Mercati di Traiano

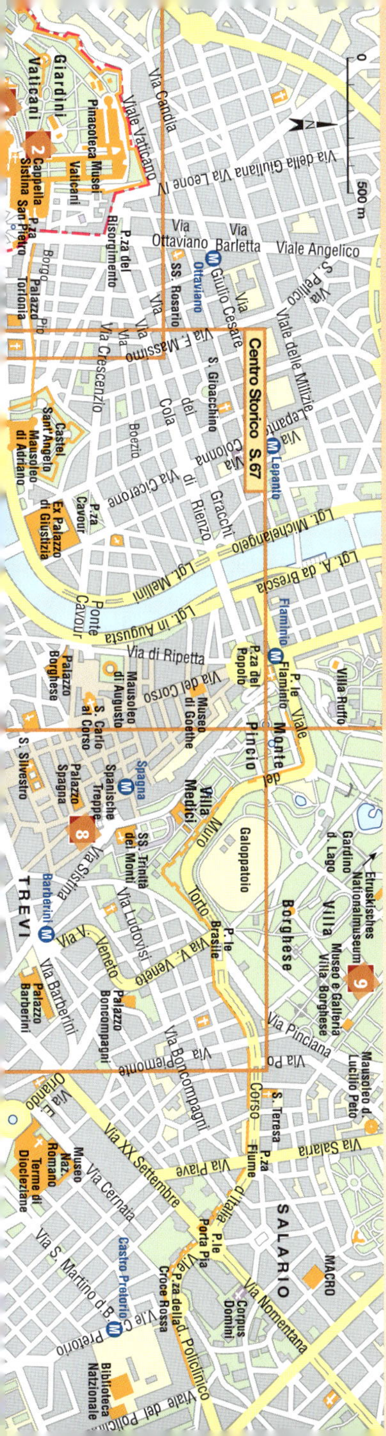

Zeichenerklärung der Karten

6 Top 12 Tipp

beschriebenes Stadtviertel (Seite=Kapitelanfang)

32 oder A Sehenswürdigkeiten

– 5 – Tourenvorschlag in Stadt

Autobahn

Schnellstraße

Hauptstraße

sonstige Straßen

Fußgängerzone

Eisenbahn

Staatsgrenze

Landesgrenze

Nationalparkgrenze

POLYGLOTT **Top 12**

1. Peterskirche
2. Sixtinische Kapelle
3. Forum Romanum
4. Kolosseum
5. Piazza Navona
6. Pantheon
7. Campo de' Fiori
8. Spanische Treppe
9. Etruskisches Nationalmuseum
10. Santa Maria Maggiore
11. San Clemente
12. Katakomben von San Callisto

Reiseplanung

Rom im Überblick][Die schönsten Stadttouren][Klima und Reisezeit][Anreise][Stadtverkehr][Unterkunft][Essen und Trinken][Shopping][Am Abend

Die Stadtviertel im Überblick

Jeder Pflasterstein, jeder Gullideckel atmet Geschichte, bei Spaziergängen durch die Ewige Stadt begegnet man auf Schritt und Tritt ehrwürdigen Kirchen, erstklassigen Museen, großzügigen Plätzen und prachtvollen Palästen. Aber auch das quirlige Treiben auf den Straßen, die vielen Menschen – coole, gestylte Römer und modebewusste, elegante Römerinnen ebenso wie fromme Pilgergruppen und staunende Kunstliebhaber aus aller Welt – machen den pulsierenden Alltag der italienischen Hauptstadt aus, in der Moderne und Vergangenheit wie selbstverständlich nebeneinander und übereinander existieren. Die Stadt liegt heute im Schnitt vier Meter höher als in der Antike, und immer wieder machen Bautrupps aufregende archäologische Entdeckungen – der Ausbau des Metronetzes gestaltet sich dementsprechend schwierig.

Roms Anziehungskraft ist seit fast 3000 Jahren ungebrochen. Der Legende nach von Romulus und Remus 753 v. Chr. gegründet, war Rom zunächst Hauptstadt der Römischen Republik und später eines Weltreichs, das sich zu seiner Blütezeit über drei Kontinente erstreckte. Mit dem Niedergang des Imperium Romanum gewannen die Päpste seit dem 4. Jh. an Einfluss, und Rom errang neue Bedeutung als Zentrum der Christenheit. Das heutige Erscheinungsbild wurde jedoch weitgehend in der Renaissance und im Barock geprägt, als die Päpste unter Mitwirkung bedeutender Künstler wie Michelangelo, Raffael und Bernini schnurgerade Straßenzüge mit Sichtachsen, betont durch Obelisken, großzügige Plätze mit aufwendigen Brunnenanlagen, herrliche Paläste und gigantische Kirchenkuppeln errichten ließen.

Rom ist eine Stadt der Fußgänger – nicht nur weil Verkehrschaos und Parkplatznot das Autofahren zur Qual machen, sondern auch weil die meisten Attraktionen nahe beieinander liegen. In den letzten Jahren wurde der öffentliche Nahverkehr kontinuierlich verbessert, sodass man den Pkw getrost in der Hotelgarage oder auf einem bewachten Parkplatz am Stadtrand stehen lassen kann. Per pedes sind die 22 inneren »rioni« (Stadtviertel) am besten zu erkunden; sie werden durch den Verlauf der Aurelianischen Mauer aus dem 3. Jh. begrenzt. Diese schloss neben den anfangs besiedelten sieben Hügeln östlich des Tibers – Palatino (Palatin), Campidoglio (Kapitol), Aventino (Aventin), Quirinale (Quirinal), Viminale (Viminal), Esquilino (Esquilin), Celio (Caelius) – auch den Pincio (Pincius) im Norden der Stadt sowie Gianicolo (Ianiculum) und Vaticano (Vaticanus) auf der westlichen Tiberseite ein.

Der **Vatikan,** Zentrum der katholischen Christenheit, mit Peterskirche, Papstaudienzen und -messen, gehört nicht nur für Pilger zu den Höhepunkten ihrer Romreise – auch Kunstliebhaber aus aller Welt be-

Der Palatin war einst ein mondänes Wohngebiet der Aristokratie

geistern sich für die wertvollen Kunstschätze besonders in den Vatikanischen Museen. Größter Besuchermagnet ist die Sixtinische Kapelle mit Michelangelos einzigartigen Fresken.

Das **historische Zentrum** (Centro Storico) umfasst das antike Rom zwischen Palatin und Kapitol sowie die in Renaissance und Barock nördlich davon entstandene Altstadt im Tiberknie. Die Spurensuche im Zentrum des Römischen Weltreiches gehört zu den faszinierendsten Erfahrungen eines Rombesuchs. Einen schönen Überblick genießt man vom Palatin oder Kapitol. In der Altstadt laden Eisdielen und Cafés zum Verweilen, schicke Geschäfte zum Schaufensterbummel ein. Die Piazza Navona, die Spanische Treppe und der Trevibrunnen, die von überschäumender barocker Lebensfreude zeugen, sind bei Römern und Touristen beliebte, bis tief in die Nacht umlagerte Treffpunkte.

Zwischen **Monte Pincio** und **Monte Celio** im Osten des historischen Zentrums kommen sowohl Kultur- als auch Naturfreunde auf ihre Kosten. Die Grünanlagen der Villa Borghese bieten eine Vielfalt an Freizeitattraktionen für die ganze Familie sowie eine hohe Museumsdichte. Kunst- und kirchengeschichtlich Interessantes bergen die Kirchen auf dem Weg über den Esquilin, vom Colle Oppio auf den Celio, wie Santa Maria Maggiore und die Lateransbasilika. Ansonsten kann man sich im Multi-Kulti-Mix nahe der Stazione Termini treiben oder in der idyllischen Villa Celimontana die Seele baumeln lassen.

Der **Aventin** im Süden der Stadt ist wegen seiner Flussnähe eine seit der Antike bevorzugte Wohngegend. Tiberabwärts schließt sich **Testaccio** an, der antike Schuttberg, auf dem sich Markthallen und Schlachthöfe ansiedelten, die zu trendigen Szenetreffs umfunktioniert wurden. Hier feiert das junge Rom die Nächte durch. Doch längst hat die römische Kulturszene auch ausgediente Industriebetriebe der ersten Stunde in Ostiense, außerhalb der alten Stadtmauern, wiederbelebt.

Jenseits des Tibers liegen die abwechslungsreichen Viertel **Trastevere** und **Gianicolo**. Bevor man sich ins Nachtleben stürzt, kann man von einer der typisch römischen Trattorien in Trastevere aus die abendliche Passegiata der Römer bestaunen. Wer den Abend ruhig ausklingen lassen möchte, sollte den Monte Gianicolo erklimmen und den Panoramablick über Roms nächtliches Lichtermeer bewundern.

Die schönsten Touren

Ein Wochenende in der Ewigen Stadt

Freitag: Spanische Treppe › Trevibrunnen › Pantheon › Piazza Navona › Campo de' Fiori
Samstag: Kolosseum › Palatin › Forum Romanum › Kapitolinische Museen › Tiberinsel › Trastevere
Sonntag: Porta Portese › Engelsbrücke › Engelsburg › Peterskirche › Villa Borghese › Via Veneto

Dauer:
2 ½ Tage

Verkehrsmittel:
An der Stazione Termini kreuzen sich die beiden Metro-, verschiedene Bus- und Straßenbahnlinien. Wichtige Sehenswürdigkeiten steuert die Touristenbuslinie 110 an › S. 23. Im Zentrum leisten die Elektrobuslinien 116 und 117 gute Dienste. Sammelticket für Kolosseum, Palatin und Forum Romanum › S. 69. Ticketvorbestellung für Galleria Borghese › S. 97. Sonntags ist der Busverkehr eingeschränkt, viele Restaurants haben geschlossen.

Ein Wochenende in Rom ist ideal, um einen Eindruck von der Ewigen Stadt zu bekommen. Beginnen Sie am Freitagnachmittag zur Einstimmung mit der bei Touristen und Römern gleichermaßen beliebten ****Spanischen Treppe** › S. 90 (Metro A Spagna) und bummeln Sie durch die umliegenden Einkaufsstraßen. Zwischendrin gönnen Sie sich eine Pause im **Caffè Greco** › S. 91 mit Blick auf die Flaneure in der Via Condotti. Anschließend geht es zum ****Trevibrunnen** › S. 91 und weiter zur **Piazza Colonna** › S. 86 mit der ****Grabsäule des Mark Aurel.** Ebenso überwältigend wie die große Auswahl an Eis bei Giolitti in der nahen Via Uffici del Vicario ist der Besuch im antiken *****Pantheon** › S. 81. Gleich um die Ecke markiert Berninis Elefanten-Obelisk den Standort der gotischen Kirche ****S. Maria sopra Minerva** › S. 80, nur eines von vielen Beispielen der römischen Symbiose von Alt und Neu. Sie werden von der italienischen Metropole spätestens dann vollends verzaubert sein, wenn sich im Herzen der Altstadt das Oval der ****Piazza Navona** › S. 77 öffnet. Nach einem Aperitif unter freiem Himmel beschließt man den Tag bei einem stimmungsvollen Abendessen am ***Campo de' Fiori** › S. 85, einige Schritte weiter südlich.

Die Piazza Navona

Der Samstag steht ganz im Zeichen des untergegangenen römischen Imperiums. Zunächst steuert man das gewaltige *****Kolosseum** › S. 76 (Metro B Colosseo) an. Sehr eindrucksvoll sind auch die Ruinen antiker Villen, Tempel und Staatsbauten auf dem benachbarten ****Palatin** › S. 75 und im angrenzenden *****Forum Romanum** › S. 72. Anschließend steigt man hinauf zum **Kapitol** › S. 69, auf dem sich die ****Piazza Campidoglio** nach Michelangelos Plänen im Stil der Renaissance präsentiert. Das Original des Reiterstandbildes von Mark Aurel, das die Platzmitte beherrscht, ist in den ****Kapitolinischen Museen** › S. 70 zu bewundern. Das Museumscafé bietet köstliche Snacks und einen unvergleichlichen Blick über die Ruinenlandschaft.

Die Cordonata, Michelangelos geniale Treppenanlage, geleitet vom Hügel hinunter. Mittelalterliche Straßenzüge führen durch das ehemalige jüdische Ghetto, vorbei an der ***Hauptsynagoge** › S. 83 mit dem Museo Ebraico, zum Tiber. Brücken verbinden die ***Tiberinsel** › S. 82 mit den Flussufern. Als Wegzehrung für die abendliche Passegiata durch das volkstümliche Stadtviertel **Trastevere** › S. 121 sollten Sie sich an der Ponte Cestio eine erfrischende *grattaceccha* kaufen, die römische Variante der Granita. Damit schlendern Sie über die Via della Lungaretta zur belebten Piazza S. Maria in Trastevere. Entweder lassen Sie den Tag in einer der guten Trattorien mit typisch römischer Küche ausklingen oder Sie ziehen, wenn die Füße noch mitmachen, später weiter in die Nacht zum Abtanzen nach **Testaccio** › S. 118.

Am Sonntagvormittag stöbern Sie auf dem Flohmarkt an der ***Porta Portese** › S. 125 (Straßenbahn 3, 8). Entweder Sie nehmen dann den Bus Nr. 23 am Tiber entlang bis zur Ponte Vittorio Emanuele II oder Sie schippern mit dem Schiff von der Anlegestelle Calata Anguillara (Tiberinsel) bis zur ****Engelsbrücke** › S. 66. Am nördlichen Ende des Ponte Sant'Angelo ragt die ****Engelsburg** › S. 65 empor. Nun folgt man dem Menschenstrom über die Via della Conciliazione zum ****Petersplatz** › S. 58. Zum Besuch der *****Peterskirche** › S. 59 gehört unbedingt der Aufstieg bzw. die Fahrt in die Kuppel. Die *****Vatikanischen Museen** › S. 63 merken Sie sich für den nächsten Rombesuch vor – sie würden den Rahmen dieser Wochenendtour sprengen.

Im **Renovatio la Soffita** › S. 65 kann man etwas essen, bevor man mit der Straßenbahn 19 zur ****Villa Borghese** › S. 97 zuckelt. In den ausgedehnten Grünanlagen stehen mehrere Museen zur Auswahl: In der Villa Giulia begeistert das *****Etruskische Nationalmuseum** › S. 100, während die *****Galleria Borghese** › S. 98 mit Gemälden von Caravaggio, Raffael, Rubens, Tizian u.a. glänzt und außerdem eine nette Cafeteria hat. Den südöstlichen Parkausgang flankieren die Propilei delle Aquile, sodann erinnert die platanengesäumte ***Via Vittorio Veneto** › S. 97 an »das süße Leben« in den 1960er-Jahren. Bei einem Drink auf der Dachterrasse des Hotels Eden können Sie das Wochenende mit Blick über Rom Revue passieren lassen.

Pilgerscharen drängen sich am Ostersonntag auf dem Petersplatz

Auf Pilgerpfaden durch Rom – die sieben römischen Hauptkirchen

Peterskirche › San Paolo fuori le Mura › San Sebastiano alle Catacombe › San Giovanni in Laterano › Santa Croce in Gerusalemme › San Lorenzo fuori le Mura › Santa Maria Maggiore

Dauer:

Peterskirche › San Paolo fuori le Mura Bus 23 ab Piazza Risorgimento bis Basilica San Paolo, ca. 30 Min.; **San Paolo fuori le Mura › San Sebastiano alla Catacombe** 1 Std. Fußweg oder Metro B Basilica S. Paolo bis Piramide und Bus 118 (Lagonegro) bis Basilica S. Sebastiano, 40 Min.; **San Sebastiano alle Catacombe › San Giovanni in Laterano** Bus 218 (Porta S. Giovanni), 20 Min.; **San Giovanni in Laterano › Santa Croce in Gerusalemme** ca. 15 Min. Fußweg; **Santa Croce in Gerusalemme › San Lorenzo fuori le Mura** Straßenbahn 3 (Thorvaldsen), 15 Min.; **San Lorenzo fuori le Mura › Santa Maria Maggiore** ca. 30 Min. Fußweg oder Bus 71 (S. Silvestro), 15 Min.

Verkehrsmittel:

Start und Ziel der Tagestour sind mit der Metro A (Ottaviano/San Pietro bzw. Vittorio Emanuele) erreichbar. Auch die Strecken zwischen den Kirchen sind mit öffentlichen Verkehrsmitteln gut zu bewältigen. Außerdem zu empfehlen: die Touristenbuslinie Roma Cristiana (› S. 23; fährt nicht zu San Sebastiano, San Lorenzo). San Sebastiano alle Catacombe tgl. 13–14 Uhr geschl.; San Lorenzo tgl. 12.30–16 Uhr geschl.!

Zu den sieben Pilgerkirchen zählen neben den vier Patriarchalkirchen (Peterskirche, San Paolo fuori le Mura, San Giovanni in Laterano, Santa Maria Maggiore) auch San Lorenzo fuori le Mura, San Sebastiano alle Catacombe und Santa Croce in Gerusalemme. Sie ziehen Wallfahrer ebenso wie Kunstliebhaber an, denn ihre wertvolle Ausstattung entspricht ihrer kirchengeschichtlichen Bedeutung. Ihre Entstehung reicht zurück in die Zeit Kaiser Konstantins, der den Christen 313 n. Chr. Glaubensfreiheit gewährt hatte. Der hl. Filippo Neri machte die Tour zu den sieben Kirchen im 16. Jh. populär. Pilger absolvieren die Strecke innerhalb eines Tages zu Fuß, um Ablass von all ihren Sünden zu erlangen. Alle anderen dürfen den Nahverkehr zu Hilfe nehmen, dann bleibt noch Zeit für einen Abstecher zur Jubiläumskirche › Exkurs S. 14.

Roms Jubiläumskirche

Brechen Sie morgens beizeiten zur ***Peterskirche › S. 59 (San Pietro in Vaticano) auf, um Warteschlangen zu vermeiden. Die mit 15 160 m² größte Kirche der Christenheit erhebt sich über dem vermeintlichen Märtyrergrab des Apostels Petrus. Er und Paulus machen Rom zum Zentrum der katholischen Welt; beide werden als Stadtpatrone verehrt. Religiöses Zentrum der Patriarchalbasilika ist der Papstaltar über dem Apostelgrab, an dem nur der Papst eine Messe lesen darf.

Anschließend geht es, am besten per Bus, zur Kirche ***San Paolo fuori le Mura** › S. 117. Wie bei den anderen Patriarchalbasiliken gibt es auch hier eine Heilige Pforte (rechts) und einen für Papstmessen reservierten Hochaltar. Darunter soll sich die Grabstelle des Apostels Paulus befinden. Berühmt ist die Kirche für die Medaillons an den Wänden, die alle Päpste seit Petrus zeigen. Der Volksmund behauptet, dass die Welt untergeht, wenn kein Platz mehr für die Abbildungen der Päpste zur Verfügung steht.

Zahlreiche Märtyrergräber bergen die **Katakomben** unter der Pilgerkirche ***San Sebastiano** › S. 132 an der Via Appia Antica, die direkt über die Via delle 7 Chiese zu erreichen ist. Zu den vielen Opfern der Christenverfolgung unter Kaiser Diokletian gehörte auch der von Pfeilen durchbohrte hl. Sebastian, dessen Grabmal links in der ersten Seitenkapelle zu sehen ist. In der Mittagszeit bleiben die Tore geschlossen, aber die Via Appia eignet sich hervorragend für eine Pause. Wer früh genug dran ist, sollte die Tour aber erst einmal fortsetzen und später in der Gegend des Laterans zu Mittag essen.

Echt gut!

Jubiläumskirche

Strahlend weiß, luftig und lichtdurchflutet präsentiert sich die **Jubiläumskirche Chiesa del Dio Padre Misericordioso,** die anlässlich des Heiligen Jahres 2000 von Richard Meier 1998–2003 an der Via Francesco Tovaglieri in Tor Tre Teste, einer Wohnsiedlung im Osten Roms, errichtet wurde. Die außerordentliche Architektur lohnt die etwas umständliche Anfahrt von Santa Maria Maggiore mit der Straßenbahn 14 bis Togliatti und dem Bus 556 von Molfetta bis Tovaglieri/Ermoli (Largo Terzio Millennio 89, www.diopadremisericordioso.it, tgl. 7.30–12.30, 15.30–19.30 Uhr).

Eine Busfahrt erspart den langen Fußmarsch zur Patriarchalbasilika ****San Giovanni in Laterano** › S. 110. Die anfangs Christus dem Erlöser, später Johannes dem Täufer und Johannes dem Evangelisten geweihte Lateranbasilika ist die eigentliche Bischofskirche des Papstes und das wichtigste Gotteshaus Roms. Blickfang ist das Ziborium über dem Papstaltar, das angeblich die Häupter von Petrus und Paulus birgt.

Die nahe Pilgerkirche ***Santa Croce in Gerusalemme** › S. 103 verdankt ihre Errichtung der hl. Helena, Konstantins Mutter, die aus Jerusalem ein Stück Holz vom Kreuz Christi und andere Reliquien mitbrachte. Vor der Kirche fährt die Straßenbahn zur Basilika ****San Lorenzo fuori le Mura** › S. 105. Sie wurde über dem Grab des hl. Laurentius erbaut, dessen Gebeine in der Krypta unter dem Hauptaltar ruhen. Interesse weckt die durchlöcherte Marmortafel, die angeblich den Rost hielt, auf dem der Heilige zu Zeiten Kaiser Valerians gemartert wurde. Das schlichte Gotteshaus liegt etwas abseits touristischer Pfade, sodass man hier am ehesten besinnliche Ruhe findet.

Auch die siebte und letzte Station der Wallfahrt, *****Santa Maria Maggiore** › S. 101, kann man mit dem Bus ansteuern, anstatt sich durch den Verkehrslärm auf Via Tiburtina und Piazza Vittorio Emanuele II zu quälen. Die vielbesuchte Patriarchalkirche erinnert außer an das Schneewunder an die im 5. Jh. aufblühende Marienverehrung.

Stars und Paparazzi – Rom als Filmkulisse

Casina della Rose › Via Veneto › Piazza Barberini › Fontana di Trevi › Piazza di Spagna › Piazza del Popolo › Petersplatz › Engelsburg › Piazza Navona › Piazza Mattei › Forum Romanum › Bocca della Verità › Porta Portese

Dauer:

1/2 Tag ohne Innenbesichtigungen (ca. 12 km Fußweg)

Verkehrsmittel:

Die beschriebene Halbtagestour beginnt oberhalb der Via Veneto. Die Elektrobusse der Linie 116 halten an der Porta Pinciana und der Piazza Barberini, der nächstgelegenen Metrostation (Linie A). Die Porta Portese am Ende der Tour ist durch die Straßenbahn Nr. 3 an das öffentliche Verkehrsnetz angeschlossen. Bis auf eine kurze Metrofahrt (Linie A) zwischen Flaminio und Ottaviano/San Pietro sind Sie zu Fuß unterwegs.

Rom war und ist Inspiration und Kulisse, Wohn- und Arbeitsort vieler Produzenten, Regisseure und Schauspieler sowie Standort des größten europäischen Studiogeländes Cinecittà. Auch wenn die großen Zeiten des italienischen Kinos – Neorealismus, Fellini, Sandalenfilme und Italowestern – Geschichte sind, gehört die Ewige Stadt nach wie vor zu den beliebtesten Filmlocations.

Frühstücken Sie zur Einstimmung im Cinecaffè **Casina delle Rose** (Sa/So Brunch) im Park der ****Villa Borghese** › S. 97. Beim Parkausgang an der Porta Pinciana erinnert der Largo Federico Fellini an einen der größten italienischen Regisseure, auf dessen Spuren Sie die ***Via Vittorio Veneto** › S.97 hinunterwandeln. Hier spielen Schlüsselszenen von Fellinis gesellschaftskritischem Meisterwerk »Das süße Leben« (La dolce vita, 1960). Im Café de Paris (Nr. 90) lauern die Protagonisten auf Prominente: der Journalist Marcello Rubini (Marcello Mastroianni) und der Fotograf Paparazzo (Walter Santesso), auf dessen Namen das Wort »Paparazzo« zurückgeht. Im Hotel Excelsior (Nr. 125) verabschiedet Marcello die von Anita Ekberg gespielte Sylvia nach dem nächtlichen Streifzug.

Die Via Veneto endet an der **Piazza Barberini** › S. 97. Im Palazzo Barberini begann mit William Wylers »Ein Herz und eine Krone« (Roman holiday, 1953) die Romanze zwischen Hollywood und Rom genauso wie die von Prinzessin Ann (Audrey Hepburn) und Journalist Joe Bradley (Gregory Peck). Der Palast stellt die Botschaft einer Monarchie dar, deren Zwängen die Prinzessin entfliehen möchte – zunächst zu einem Friseur nahe der ****Fontana di Trevi** › S. 91. Richtig berühmt wurde der Trevibrunnen

Echt gut!

Das Beste rund ums Kino

- **Festival Internazionale del Film di Roma,** Auditorium Parco della Musica, www.romacinemafest.it. Internationales Filmfest in Rom, 10 Tage Ende Okt./Anfang Nov.
- **Casa del Cinema,** Largo Marcello Mastroianni 1, Villa Borghese, Tel. 06 42 36 01, www.casadelcinema.it. Programmkino mit Klassikern in Originalversion; Cinecaffè Casina delle Rose, tgl. 9–20 Uhr.
- **Cinema Nuovo Sacher,** Largo Ascianghi 1, Tel. 0 65 81 81 16, www.sacherfilm.eu. Arthouse-Kino des engagierten Regisseurs Nanni Moretti bei der Porta Portese.
- **L'Isola del Cinema,** Piazza S. Bartolomeo, Juli/Aug. tgl. ab 19 Uhr, www.isoladelcinema.com. Open-Air-Kino auf der Tiberinsel.
- **Museo degli orrori di Dario Argento,** Via Dei Gracchi 260, Mo–Sa 10.30–13, 15.30–19.30 Uhr, Tel. 0 63 21 13 95, www.profondorossostore.com. Skurriles Museum zu Thrillern und Horrorfilmen des römischen Kultregisseurs.
- **Hollywood,** Via Monserrato 107, Mo–Sa 10–19.30 Uhr, www.hollywood-video.it. Filmladen mit großem Sortiment an Postern, DVDs, Büchern – auch online.

durch Anita Ekbergs verführerisches Bad in »Das süße Leben«.

Die nächste Station holt Sie auf den Boden der rauen Nachkriegswirklichkeit und des italienischen Neorealismus zurück. In der schmalen **Via del Traforo**, einer Nebenstraße der Via Tritone, spielt eine der erschütterndsten Szenen von Vittorio De Sicas oscarprämiertem Film »Fahrraddiebe« (Ladri di biciclette, 1948). Dem Plakatkleber Antonio Ricci (Lamberto Maggiorani) wird das Fahrrad gestohlen, das er unbedingt für seinen Job braucht. Mit seinem kleinen Sohn sucht er in ganz Rom nach dem Drahtesel.

Sie bummeln nun auf der Via Due Macelli in Richtung Piazza di Spagna. In einem Café am Fuß der ****Spanischen Treppe** › S. 90 spielt »Der talentierte Mr. Ripley« (The talented Mr. Ripley, 1999) Tom Ripley (Matt Damon) alias Dickie Greenleaf mit Dickies Verlobter Marge (Gwyneth Paltrow) und seiner Freundin Meredith (Cate Blanchett) Katz und Maus. Anthony Minghellas Krimi bleibt spannend, aber Sie dürfen sich gedanklich erst einmal wieder Audrey Hepburn und Gregory Peck zuwenden. Die Spanische Treppe und die Doppelturmfassade von SS. Trinità dei Monti liefern den Hintergrund für die Entscheidung von Ann, mit Joe einen Tag fern aller Pflichten zu verbringen.

Auf der ***Piazza del Popolo** › S. 89 stand Tom Hanks 2008 als Robert Langdon für den Thriller »Illuminati« vor der Kamera. Ron Howard, der Dan Browns Bestseller über die Bruderschaft der Illuminaten und ein Attentat auf den Vatikan verfilmte, bekam allerdings keine Geneh-

Cinecittà

Die Via Tuscolana führt zur **Cinecittà** (Metro A). 2012 feiern die berühmten Studios ihr 75-jähriges Bestehen. Hier drehten u.a. Luchino Visconti, Federico Fellini, Jean-Luc Godard, Terry Gilliam, Martin Scorsese und Spike Lee mit Stars wie Kirk Douglas oder Brigitte Bardot (z.B. Ben Hur 1956, Cleopatra 1963, Gangs of New York 2001, Miracle at St. Anna 2007). Studiotouren führen über das 40 ha große Areal und gewähren Einblicke in die Traumfabrik (Via Tuscolana 1055, www.cinecittastudios.it, Mi–Mo 9.30–17.30, Tickets bis 16.30 Uhr, Sa/So Programm für 5- bis 10-jährige Kinder).

Der grandiose Blick von der Kuppel des Petersdoms auf den Petersplatz

migung für Aufnahmen in Roms Kirchen. Das freie Spiel des Autors mit Religion, Philosophie und Geschichte hat eben nicht nur Fans! (**Illuminati-Stadtführung,** Englisch, Online-Buchung, www.angelsanddemons.it, Start: S. Maria del Popolo, Di, Fr–So 9.30 Uhr, 4 Std., 56 €).

Die Metro A bringt Sie vom Piazzale Flaminio in die Vatikanstadt. Die Kuppel der ***Peterskirche** › S. 59 symbolisiert nicht nur in »Illuminati« die Macht der Kirche, auch in Francis Ford Coppolas »Der Pate III« (1990) rückt sie ins Bild. In »Das süße Leben« lassen sich Marcello und Sylvia dort oben von der Schönheit Roms verzaubern.

Auf der Via dei Corridori folgen Sie dem »Il Passeto« genannten Fluchtweg der Päpste zur **Engelsburg** › S. 65. Hier entdeckt Langdon in »Illuminati« die geheime Kirche der Erleuchtung. Vom Balkon genießen Sie den Blick über Rom, bevor Sie den Tiber überqueren.

Die barocke Pracht der **Piazza Navona** › S. 77 ist eine weitere beliebte Kulisse. In »Illuminati« steht Berninis Vierströmebrunnen für das Element Wasser, in dem ein Kardinal ertränkt wird. Das unbeschwerte Lebensgefühl der High Society im Rom der 1950er-Jahre beschwört Anthony Minghella in »Der talentierte Mr. Ripley« herauf. An der pittoresken **Piazza Mattei** › S. 83 findet Tom (Matt Damon) alias Dickie Greenleaf im Palazzo Costaguti eine standesgemäße Bleibe.

Vorbei am Arco di Settimio und am ***Forum Romanum** › S. 72, zu sehen in »Der talentierte Mr. Ripley« und »Ein Herz und eine Krone«, geht es zur **Bocca della Verità** in der Kirche ***Santa Maria in Cosmedin** › S. 82, wo sich Joe und Ann in »Ein Herz und eine Krone« gegenseitig auf die Probe stellen.

Folgen Sie dann der Fährte von Vater und Sohn Ricci über den Ponte Palatino, am Lungotevere Ripa entlang zur ***Porta Portese** › S. 125, wo sie auf dem Flohmarkt nach den Fahrraddieben suchen. Trastevere war auch das Pflaster von Pasolinis Drama »Mama Roma« (1962) mit Anna Magnani als Prostituierte in der Titelrolle. Runden Sie die Tour ab mit einem Essen z.B. auf der Tiberinsel in der Trattoria »Sora Lella« › S. 83, die eine Schwester des Schauspielers Aldo Fabrizi 1959 eröffnete.

Touren in den Stadtvierteln

Touren in der Stadt	Stadtviertel	Dauer	Seite
Durch die Vatikanstadt	Vatikan	5–6 Std.	58
Durch das antike Rom	Centro Storico	4–5 Std.	69
Die Altstadt um die Piazza Navona	Centro Storico	2–3 Std.	77
Am Tiber entlang	Centro Storico	4 Std.	82
Entlang der Via del Corso	Centro Storico	4–5 Std.	86
Rund um den Quirinal	Zwischen Monte Pincio und Monte Celio	3 Std.	94
In der Villa Borghese	Zwischen Monte Pincio und Monte Celio	4–5 Std.	97
Stille Kirchen, lebendiger Esquilin	Zwischen Monte Pincio und Monte Celio	4–5 Std.	101
Vom Colle Oppio auf den Celio	Zwischen Monte Pincio und Monte Celio	4–5 Std.	106
Vom Aventin vor die Mauern	Aventin und Ostiense	4 Std.	114
Bummel durch Trastevere	Trastevere und Gianicolo	3-4 Std.	121
Auf dem Gianicolo	Trastevere und Gianicolo	2 Std.	126
Ausflüge	**Lage**	**Dauer**	**Seite**
EUR–Viertel	9 km südlich	½ Tag	129
Via Appia Antica	6 km südöstlich	½ Tag	130
Ostia	23 km südwestlich	1 Tag	134
Tivoli	30 km östlich	1 Tag	136

Klima und Reisezeit

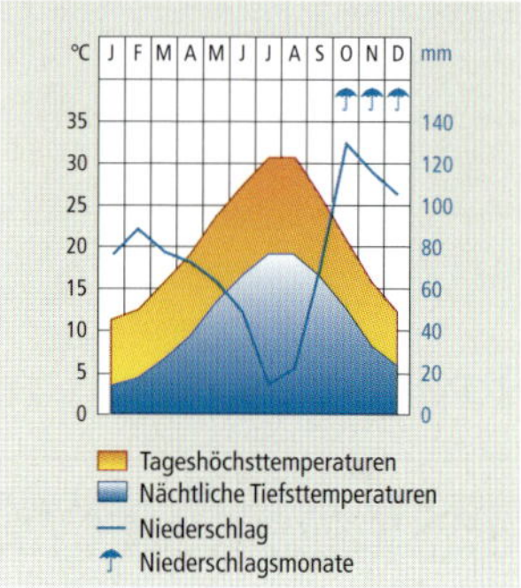

Rom ist zu jeder Jahreszeit eine Reise wert. Am besten eignet sich jedoch das Frühjahr, beginnend mit den Festivitäten zu Ostern bis in den Juni. In diesen Monaten ist es meist angenehm warm, oft kann man schon im März in einem Straßencafé seinen Cappuccino genießen. Auch Spätsommer und Herbst sind für einen Rombesuch zu empfehlen.

Im Hochsommer ist es heiß und schwül; viele Römer machen in dieser Zeit Urlaub am Meer oder in den Bergen. Im Ferienmonat August (»Ferragosto«) wirkt die Stadt wie ausgestorben, zahlreiche Läden, Clubs und Restaurants bleiben geschlossen. Manch einer wird indes die ruhigen Straßen und günstigen Hotelangebote sowie das vorzügliche Programm der »Estate Romana« (› S. 53), Open-Air-Kinos und -Lounges zu schätzen wissen.

Die oft regnerischen Wintermonate bilden den idealen Rahmen für kulinarische Streifzüge, Museumsbesuche und das kulturelle Leben in der Stadt am Tiber. Für das Weihnachtsfest und andere große kirchliche Feiertage meldet Roms Hotellerie nahezu jedes Jahr: »Ausgebucht!«.

Anreise

Flug

Rom wird von den großen Flughäfen Deutschlands, Österreichs und der Schweiz mehrmals täglich angeflogen. Auf dem Flughafen **Leonardo da Vinci** (Fiumicino), ca. 30 km südwestlich, landen alle Linien- und einige Charterflüge (Nonstop-Zugverbindung »Leonardo Express« zur Stazione Termini; 6.36–23.36 Uhr, alle 30 Min., Fahrzeit 35 Min., 14 €).

Charter- und Billigflieger nutzen vorwiegend den Flughafen **Ciampino**, ca. 15 km südöstlich von Rom. Ein Shuttleservice verbindet den Flughafen mit der Stazione Termini (tgl. 7.45–23.15 Uhr, www.sitbus shuttle.it, 6 €), außerdem fahren Linienbusse zur Metrostation Anagnina (Linie A, 6.10–22.40 Uhr, alle 40 Min.).

Die Stadt hat einen festen Tarif für Taxifahrten von den Flughäfen nach Rom (innerhalb der Aurelianischen Stadtmauer) eingerichtet (ab Fiumicino 40 €, ab Ciampino 30 €). Die offiziellen Taxis stehen vor den Airports bereit. Sie sind weiß, tragen ein Taxischild und verfügen über eine ID-Nummer.

Allgemeine Flugauskunft
für beide Flughäfen (Aeroporti di Roma): **Tel. 06 65 951, www.adr.it**

Er hilft gern weiter ...

Zug

Fernzüge, die in Rom enden, fahren zum zentralen Hauptbahnhof Stazione Termini, auch der direkte Nachtzug aus München. Andere Züge halten an der 2011 erweiterten und renovierten Stazione Tiburtina im Nordwesten der Stadt (Anschluss mit Metrolinie B zur Stazione Termini).

Auto

Wer mit dem Auto anreist, lässt es am besten vor der Toren der Stadt stehen und steigt in den öffentlichen Nahverkehr um. Weite Teile der Innenstadt sind ohnehin nur für Anwohner freigegeben (ZTL – Zona Traffico Limitato). Gebührenpflichtige Parkplätze an den Straßen erkennt man an der blauen Umrandung › S. 139.

Stadtverkehr

Metro

Schnellstes Fortbewegungsmittel sind die beiden Linien der Metropolitana, deren Züge So–Do 5.30–23.30 Uhr, Fr/Sa bis 1.30 Uhr verkehren. Nachts fahren stattdessen die beiden Buslinien n1 (für Linie A) und n2 (für Linie B).

Linie A verkehrt von Anagnina im Südosten nach Battistini im Nordwesten; mit ihr erreicht man z.B. den Lateran, die Piazza Repubblica, die Spanische Treppe sowie den Vatikan. Linie B verbindet Laurentina

im Süden mit Rebibbia im Nordosten und passiert dabei das EUR-Viertel, den Aventin und das Kolosseum. Beide Linien treffen sich an der Stazione Termini. Es sind elektronische Kontrollsysteme installiert, man muss das vor Fahrtantritt entwertete Ticket bis zum Verlassen der Station aufbewahren.

! Da das römische U-Bahn-Netz derzeit umfassend modernisiert und ausgebaut wird (Linie C soll 2016 fertig sein, Linie D 2019), kann es immer wieder zu Einschränkungen kommen. Infos unter **www.atac.roma.it.**

Bus und Tram

sind die wichtigsten innerstädtischen Verkehrsmittel. Express-Linien (mit X gekennzeichnet) halten nur an jeder 2. oder 3. Haltestelle (z.B. Bus 40 zum Vatikan). An Sonn- und Feiertagen sowie nachts ist der öffentliche Verkehr – teilweise bei veränderter Streckenführung – eingeschränkt. 27 Nachtlinien (notturna n1–n27) decken das Stadtgebiet zwischen 23.30 und 5.30 Uhr im 15- bis 30-Minuten-Takt ab.

Die Fahrscheine (*biglietti*) gelten für alle Verkehrsmittel Roms (U-Bahn, Bus/Tram). Man erhält sie an den Fahrkartenautomaten in den Metrostationen, an Zeitungskiosken, meist auch in Bars und Tabacchi-Läden. Ein einfaches Ticket (BIT, 75 Min. gültig, Bestellung per SMS möglich, Infos auf ATAC-Website) kostet 1 €, Tageskarte (BIG) 4 €, Drei-Tages-Karte (BTI) 11 €, Wochenkarte (CIS) 16 €. Tickets müssen bis zum Fahrtende aufbewahrt werden. Schwarzfahrern droht eine Geldstrafe von 100 €! Der drei Tage gültige Roma Pass › S. 139 beinhaltet die freie Nutzung der öffentlichen Verkehrsmittel.

ATAC

Via Ostiense 131 L][Tel. 0 65 70 03][www.atac.roma.it.
Download von Linien- und Fahrplänen; Infos und Linienpläne auch am **ATAC-Kiosk**, Piazza dei Cinquecento, vor der Stazione Termini.

Taxi

Steigen Sie nur in offiziell zugelassene Taxis! Sie sind weiß oder gelb und haben einen Gebührenzähler. Taxifahren ist teuer. Am sichersten ist eine telefonische Bestellung: ChiamaTaxi Tel. 06 06 09; Taxi Tevere Tel. 06 41 57; La Capitale Tel. 06 49 94; Pronto Taxi Tel. 06 66 45.

Fahrrad-, Roller- & Vespaverleih

Wer sich in den römischen Stadtverkehr wagen oder den Radweg entlang des Tibers erkunden will: Für ein Rad zahlt man pro Stunde 3–4 €, pro Tag 9–15 €, für Roller 30–50 € pro Tag.

■ Treno e Scooter

Piazza dei Cinquecento (Staz. Termini)][Tel. 06 48 90 58 23, www.trenoescooter.com

■ On Road

Via Cavour 80][Tel. 0 64 81 56 69][www.onroad.it

■ Ronconi

Via delle Belle Arti 54/56 (Villa Borghese in Zoonähe), Tel. 0 68 81 02 19][www.ronconibiciclette.it

Stadtrundfahrten/Stadtführungen

Der offene rote Doppeldeckerbus der Linie **110 open** fährt zu den Hauptsehenswürdigkeiten (www.trambusopen.com, ab Piazza dei Cinquecento Ⓜ Termini, tgl. 8.30–19 Uhr alle 15 Min., Gesamtfahrzeit ca. 2 Std., Hop-on-hop-off-Ticket für 48 Std. 20 €). Vom antiken Zentrum zur Via Appia Antica verkehrt der offene grüne **Archeobus** (www.trambusopen.com, ab Piazza dei Cinquecento Ⓜ Termini, Fr–So 9 bis 16.30 Uhr alle 30 Min., ca. 1,5 Std., Hop-on-hop-off-Ticket für 48 Std. 12 €, › auch S. 51). Die wichtigsten kirchlichen Attraktionen steuern die offenen gelben Busse der Linie **Roma Cristiana** an (www.terravision.eu, ab Petersplatz/Via della Conciliazione, tgl. 9.30–18 Uhr alle 20 Min., ca. 1,5 Std., Hop-on-hop-off-Ticket für 48 Std. 21 €).

Tiberfahrten werden von 1. April bis 31. Oktober angeboten, z.B. Crociera hop-on-hop-off, 24-Std.-Ticket 15 €, zwischen Ponte Cavour und Ponte Garibaldi mit deutschem Audio-Guide. Tickets online oder an den Anlegestellen Ponte Sant'Angelo und Tiberinsel sowie an den HR (Hotel Reservation)-Schaltern an der Stazione Termini (Via Giolitti, vor der Post) sowie an den Flughäfen Fiumicino und Ciampino.

Compagnia di Navigazione Ponte Sant'Angelo S.r.l.

Vicolo Margana 11/b][Tel. 06 97 74 54 98][www.battellidiroma.it

Special

Mit Kindern in der Stadt

Eine Stadtreise nach Rom kann auch Kindern großen Spaß bereiten. Die Parkanlagen römischer Villen bieten viel Platz zum Spielen und für Touren mit Fahrrädern oder Rollerblades, die man auch leihen kann. Außerdem gibt es spezielle Museumsangebote und sogar Stadtführungen für Kinder.

Freie Fahrt für Bambini

Kinder unter 10 Jahren fahren in den öffentlichen Verkehrsmitteln gratis, wer unter 18 Jahre alt ist, hat freien Eintritt in staatliche Museen und Ausgrabungsstätten. Aber auch viele kommunale Museen gewähren freien oder ermäßigten Eintritt.

Über Stock und Stein

Der Park der **Villa Borghese** (› S. 97) bietet neben dem Zoo auch Ponyreiten, Puppentheater, Rad- und Rollschuhverleih sowie den Indoor-Spielplatz Casina di Raffaello › S. 99 u.a. mit Kinderbetreuung für 3–10-jährige. Im Park verkehren auch Elektrozüge (*trenino*). In den Grünanlagen des **Gianicolo** locken Ponyreiten, ein Spielplatz und viel Auslauf, Erwachsene erfreut zudem die schöne Aussicht über Rom.

Einen vergnüglichen Familienbummel verspricht die **Via dei Fori Imperiali** am Sonntag – dann ist sie für den Verkehr gesperrt und wird zur Bühne für Straßenkünstler.

Im **Katzenasyl** am Largo di Torre Argentina › S. 84 sind Streicheleinheiten ebenso willkommen wie Spenden (www.romancats.com, tgl. 12–18 Uhr).

Experimente und Zeitreisen

Museen machen Spaß, wenn man selbst forschen darf, wie im naturwissenschaftlichen Kindermuseum **Museo dei Bambini EXPLORA** für 0–12-jährige und in der **Technotown** für 11–17-jährige mit 3-D-Kino und vielem mehr.

Im **EUR-Viertel** › S. 129 eröffnet das **Planetarium** den Blick in die Sterne, das **Museo della Civiltà Romana** weckt mit Stadtmodellen Interesse für Roms Historie. Eine rasante Reise in die Vergangenheit ermöglicht der **Time Elevator Rome**: In beweglichen Kinositzen vor einer Panoramaleinwand mit Special Effects vergehen 3000 Jahre wie im Flug.

■ **Museo dei Bambini EXPLORA,**
Via Flaminia 82, Metro A und Straßenbahn 2, 19 bis Flaminio/Piazza del Popolo, **Tel. 06 3 61 37 76, www.mdbr.it;** Di–So Einlass: 10, 12, 15, 17 Uhr, ab 3 Jahre 7 €.

■ **Technotown**
Villa Torlonia, Eingang: Via Spallanzani 1a, Straßenbahn 3, 19 und Bus 60, 90; **www.technotown.it,** Di–So 9–19 Uhr, 6 €.

■ **Time Elevator Rome**
Via di SS. Apostoli 20/Via del Corso, Bus 40, 60 **www.timeelevator.it;** Shows (auch in Deutsch) tgl. 10.30–19.30 Uhr, alle 60 Min., Dauer: 45 Min.; Eintritt (nur für Kinder ab 100 cm): 12 €, unter 12 Jahren 9 €.

Aktiv sommers wie winters

Spaß im Wasser versprechen das **Piscina delle Rose** und das Badeparadies **Aquapiper**. Im Winter lockt im Parco della Musica (› S. 36) eine große Eisfläche, **Pista di ghiaccio** (www.auditorium.com, Weihnachtsmarkt »Natale all'Auditorium«, Dez./Jan., mit Schlittschuhverleih).

■ **Piscina delle Rose**
Viale America 20, EUR-Viertel, Tel. 06 5 92 67 17, Juni–Sept., Metro B bis EUR-Palasport.

■ **Aquapiper**
Guidonia (im Nordosten), www.aquapiper.it, Juni–Mitte Sept., Gratisbus ab Piazza della Repubblica 8.45 und 10.45 Uhr, Rückfahrt 18 Uhr.

Für den Notfall ...

Kinderklinik **Ospedale Pediatrico Bambino Gesù**
Piazza S. Onofrio 4, Tel. 0 66 85 91
www.ospedalebambinogesu.it
Erste Hilfe für Kinder:
Tel. 06 68 59 23 51

Stadtführungen für Kinder

Roms Katzenkolonien sind Thema eines Rundgangs der Agentur RomaCulta, die noch weitere Führungen für Bambini mit oder ohne elterliche Begleitung im Programm hat (auch Deutsch). Der Preis variiert je nach Saison und Teilnehmerzahl von 120–150 € für 3 Std. pro Familie. Anmeldung obligatorisch.

RomaCulta
Tel. 33 87 60 74 70, www.romaculta.it/rom_mit_kindern.html

Unterkunft

»Caro, completo, cancellato …« Nicht nur in der Karwoche verzeichnet die Ewige Stadt großen Besucherandrang. Während hoher kirchlicher Feiertage ist eine Reservierung besonders in der Mittelklassekategorie dringend geboten. Kurzentschlossene, die nicht vorab buchen, seien vor Schleppern, z.B. im Bahnhof Termini, gewarnt, die Sie oft nur zu schäbigen oder unsicheren Schlafplätzen lotsen. Sinnvoller ist die Vermittlung durch die **kostenlose Hotelreservierung** im Bahnhof und an den Flughäfen bzw. unter Tel. 0 66 99 10 00 (tgl. 8–22 Uhr), www.hotelreservation.it. Eine Liste sämtlicher Hotels und Pensionen, aber auch Privatzimmer in Rom hält das Tourismusbüro an der Via Parigi 11 bereit › S. 138.

Echt gut!

Mindestens 70 € sind pro Nacht und Person im Doppelzimmer zu berappen. Einige Hotels bieten günstigere Internetkonditionen oder gewähren Nachlässe auf Anfrage. Pauschalangebote (Flug und Hotel) sind oft günstiger.

Die meisten Rombesucher bevorzugen der kurzen Wege und des abendlichen Corsos wegen eine Herberge im historischen Zentrum. Lärmempfindliche sollten allerdings überlegen, auf den Aventin, in den Borgo am Vatikan oder nach Prati auszuweichen.

Nobles Excelsior

Luxuriöse Hotelklassiker

Roms international renommierte Flaggschiffe der Hotellerie haben ihren Sitz vorwiegend an der Via Vittorio Veneto, um die Piazza di Spagna und im noblen Stadtviertel Parioli. Aufgrund einer Sonderabgabe für diese Kategorie werben aber nicht alle dieser mondänen Domizile mit dem höchsten Index des italienischen Hotelsystems: fünf Sterne und das Zusatzzeichen »L« für Lusso (Luxus).

■ **Eden**

Via Ludovisi 49, Tel. 06 47 81 21

www.starwoodhotels.com

Gediegener Jetset-Treff zwischen Spanischer Treppe und Via V. Veneto. Im Gästebuch stehen u.a. Ingrid Bergman, Luciano Pavarotti und Orson Welles.

●●●

■ **Excelsior**
Via Vittorio Veneto 125
Tel. 0 64 70 81, www.westin.com
Die Luxusherberge im Empirestil wartet mit einer großen Lounge auf und verfügt selbstverständlich über Restaurant, Bar und hauseigene Garage. Frühstück exklusive. ●●●

■ **Hassler Villa Medici**
Piazza Trinità dei Monti 6
Tel. 06 69 93 40
www.hotelhasslerroma.com
Direkt an der Spanischen Treppe. Treffpunkt von Hochfinanz und Aristokratie, Jetset und Persönlichkeiten des kulturellen Lebens. ●●●

■ **Hotel d'Inghilterra**
Via Bocca di Leone 14
Tel. 06 69 98 11
www.hoteldinghilterraroma.it
Das restaurierte Gästehaus der römischen Adelsfamilie Torlonia zählt zu den exklusivsten Adressen. Via Condotti und Via del Corso sind gleich um die Ecke. ●●●

■ **Raphael**
Largo Febo 2, Tel. 06 68 28 31
www.raphaelhotel.com
Das gemütliche, familiär und exklusiv geführte Luxushotel nahe der Piazza Navona gefällt all jenen, die höchste Hotelkultur zu schätzen wissen. ●●●

■ **San Anselmo**
Piazza San Anselmo 2
Tel. 06 57 00 57
www.aventinohotels.com
Stilles kleineres Haus auf dem Aventin mit individuellen Zimmern. ●●●

Mittelklassehotels

Viele Hotels der 2- und 3-Sterne-Kategorie liegen im Quartiere Prati, für Vatikan-Besucher, Tiber-Spaziergänger und abendliche Ausflügler an die Piazza Navona günstig.

■ **Scalinata di Spagna**
Piazza Trinità dei Monti 17
Tel. 06 69 94 08 96
www.hotelscalinata.com
Schönes Haus, Dachterrasse mit Blick auf die Spanische Treppe. ●●●

■ **Villa San Pio**
Via Santa Melania 19, Tel. 06 57 00 57
www.aventinohotels.com
Charmante **Gartenoase auf dem Aventin.** ●●● Echt gut!

■ **Hotel Portoghesi**
Via dei Portoghesi 1
Tel. 0 66 86 42 31
www.hotelportoghesiroma.it
3-Sterne-Hotel mit gutem Service, nahe Piazza Navona. ●●–●●●

■ **Abruzzi**
Piazza della Rotonda 69
Tel. 06 97 84 13 51
www.hotelabruzzi.it
80 renovierte Zimmer bietet dies **Hotel von schlichter Eleganz gegenüber vom Pantheon.** ●●–●●● Echt gut!

■ **Fontana**
Piazza di Trevi 96, Tel. 0 66 78 61 13
www.hotelfontana-trevi.com
Einige Zimmer des Hotels haben **Blick auf den Trevibrunnen.** ●●–●●● Echt gut!

■ **Teatro di Pompeo**
Largo del Pallaro 8
Tel. 06 68 30 01 70
www.hotelteatrodipompeo.it
Im Schatten des Campo de' Fiori entstand dieses Hotel auf den Ruinen des Theaters des Pompejus. ●●–●●●

■ **Santa Maria**
Vicolo del Piede 2, Tel. 0 65 89 46 26
www.htlsantamaria.com
Viel Flair haben die **Zimmer in einem renovierten Kloster** aus dem 16. Jh. im Herzen von Trastevere. ●●–●●● Echt gut!

■ **Richmond**
Largo C. Ricci 36, Tel. 06 69 94 12 56
www.hotelrichmondroma.com
Am Kolosseum, Dachterrasse mit Blick über das Forum Romanum. ●●

Einfache Hotels und Pensionen

Schlichte Hotels und Pensionen stehen vor allem rund um die Stazione Termini, im historischen Zentrum und im Quartiere Prati. Achten Sie darauf, dass es Rund-um-die-Uhr-Service gibt und ein Nachtportier Dienst tut – es kann sonst leicht vorkommen, dass Sie nach Mitternacht vor verschlossenen Türen stehen. Qualität und Ausstattung variieren stark je nach Alter des Mobiliars und Geschmack der Eigner. Man sollte nicht zuviel erwarten.

Echt gut!

Schlafen in Rom – erschwinglich und gut

■ Schlichte Fassade, aber Toplage. Im **Abruzzi** warten gemütliche Zimmer auf müde Touristen. › S. 27
■ Römische Eleganz gepaart mit familiärer Atmosphäre im einstigen Kloster: Willkommen im charmanten **Hotel Fontana.** › S. 27
■ Sie mögen es ruhig? Die **Villa San Pio** garantiert erholsame Nächte. Das Frühstück wird im lauschigen Garten serviert. › S. 27
■ In bester Nachbarschaft: Die historischen Gemäuer des kleinen **Hotels Santa Maria** sind ideal für Nachtschwärmer und Romantiker. › S. 27
■ Bei Familien besonders beliebt ist das **Hotel Navona.** › S. 28

■ **Albergo Sole**
Via del Biscione 76
Tel. 06 68 80 68 73
www.solealbiscione.it
Die Pension nahe dem Pantheon bietet schöne Zimmer und eine Terrasse mit Ausblick über das Centro Storico. ●●

■ **Hotel Navona**
Via dei Sediari 8, Tel. 06 68 30 12 52
www.hotelnavona.com
Das **familienfreundliche Haus nahe der Piazza Navona** zieht besonders jüngeres Publikum an und ist oft ausgebucht. Zusätzliche Zimmer in der Residenza Zanardelli und Apartments. ●● Echt gut

■ **Santa Prisca**
Largo Manlio Gelsomini 25
Tel. 0 65 74 19 17
www.hotelsantaprisca.it
Das schlichte Hotel in einem ehemaligen Kloster strahlt große Ruhe aus (Nähe Ⓜ Piramide). ●●

■ **La Contrara Hostel**
Via Umbria 7, Tel. 06 98 93 73 66
www.hostelworld.com
Sauberes kleines Hostel in toller Lage mit nettem Personal. ●

Übernachten bei Römern

Bed & Breakfast, Privatzimmer und -appartements erfreuen sich als kostengünstige Alternative vor allem bei Familien und für längere Aufenthalte immer größerer Beliebtheit.

■ **Bed & Breakfast Italia**
Corso Vittorio Emanuele II. 282
Tel. 0 66 87 86 18, Fax 0 66 87 86 19
www.bbitalia.it

■ **Romabed**
Vogelsgartenstr. 33
67105 Schifferstadt
Tel. 0 62 35/92 95 34
www.romabed.de

Essen und Trinken

La cucina Romana, die typisch römische Küche, ist reich an traditionellen Gerichten. Seit der Antike gehören deftige Fleischgerichte wie *Abbacchio al cacciatore* (pikant gewürztes Osterlamm nach Jägerart) zum Festmahl. *Saltimbocca alla Romana* (Kalbsfilet mit Schinken und Salbei) hat seinen Ursprung ebenso am Tiber wie *Coda alla vaccinara* (mit viel Sellerie zubereiteter Ochsenschwanz nach Art der Metzgertochter). Die überall in Italien geschätzten Gerichte aus Innereien wie *Trippa alla Romana* (Kutteln) oder *Rigatoni con la pajata* (mit Wein und Gemüse gedünstetes Kalbsgekröse) gehen auf die Armeleuteküche des Mittelalters zurück.

Wie vor 2000 Jahren prägen auch heute Gemüse, Kräuter und Salate die gesunde, bekömmliche Küche Italiens. Die *Insalata* ist fester Bestandteil eines jeden Menüs. Und schätzt man in der Toskana den *Pinzimonio*, so wird das Dippen roher Selleriestangen, Fenchelknollen, Karotten u.a. in eine Soße mit Olivenöl, Salz und Pfeffer in Rom als *Cazzimperio* genossen. Beliebte Spezialitäten sind *Carciofi alla romana* (in Zitronenwasser getauchte Artischocken mit Öl, Knoblauch und Minze geschmort) und *Carciofi alla giudía* (in der Pfanne frittierte Artischocken).

Antipasti und Nudelgerichte

Dem Vatikan-Bibliothekar Bartolomeo Sacchi ist die segensreiche Entwicklung des römischen *Antipasto* zu verdanken. Er empfiehlt in seinem 1475 edierten Bestseller

Pasta kommt in Italien als zweiter Gang auf den Tisch

In Trastevere gehen Römer wie Touristen gern essen

»Über die ehrliche Freude und das Wohlbefinden«, das römische Gastmahl mit Obst zu starten. So wurden Schinkenscheiben mit Melonen, Feigen oder Pfirsichen in der Renaissance zum Renner. Inzwischen haben sie ihren Siegeszug um den Erdball vollbracht.

Echte Prüfsteine der traditionsreichen Küche sind die Nudelgerichte: *Spaghetti alla carbonara* (mit Ei und Speck), *Bucatini all' amatriciana* (mit Speck, Tomaten, Pecorino-Käse), *Penne all'arrabbiata* (mit Chili), *Pasta e fagioli* (mit weißen Bohnen) oder einfach *Fettucine al burro* (mit Butter).

Ausgehviertel

Neben dem Centro Storico zählen Monte Testaccio und insbesondere Trastevere zu den beliebtesten abendlichen Ausgehvierteln. In Trastevere findet sich auch die höchste Dichte angenehmer Restaurants, Cafés, Clubs und Bars – Lokalitäten für jeden Geschmack und Geldbeutel, die auch von den Römern gern aufgesucht werden. Durchstreifen Sie Vicolo del Moro, Via della Luce, Via della Scala und Vicolo del Cinque. Im Studentenviertel San Lorenzo nahe Termini locken preiswerte Pizzerien und Trattorien, und auch rund um das Kolosseum und entlang der Via S. Giovanni in Laterano finden Sie viele sehr gute und bodenständige Trattorien.

!! In den **Bars** gelten zwei Preiskategorien: **Weniger zahlt man, wenn man an der Bar stehend trinkt.** Falls Sie sich setzen möchten, wird es teurer. Trinkgeld, zwischen 5 und 10 %, lässt man einfach auf dem Tisch liegen. Echt gut!

Spitzenküche

La Pergola

im Hotel Hilton Cavalieri
Via Cadlolo 101, Tel. 06 35 09 21 52
www.romecavalieri.com
nur abends, So/Mo geschl.
Reservierung notwendig
Sternegeschmücktes Dachterrassenrestaurant oberhalb vom Vatikan mit erlesener Küche und toller Aussicht über die Stadt und den Petersdom. ●●●

Sapori

im Hotel Lord Byron,
Via G. de Notaris][Tel. 0 63 22 04 04
www.lordbyronhotel.com
So, Mo Mittag geschl., Reservierung notwendig
Topadresse der Via-Veneto-Szene. Es wird streng nach jahreszeitlichem Angebot gekocht – ökologisch und magenschmeichelnd. ●●●

Typisch römisch

Da Armando al Pantheon

Salita de'Crescenzi 31
(Centro Storico)][Tel. 06 68 80 30 34
www.armandoalpantheon.it
Sa Abend und So geschl.
Alteingesessener Familienbetrieb beim Pantheon, dessen einfache und deftige Küche auch von den Politikern aus dem nahen Parlament geschätzt wird. ●●

Romolo nel Giardino della Fornarina

Via di Porta Settimiana 8 (Trastevere)
Tel. 0 65 81 82 84][Mo geschl.
www.ristorantefornarina.it
In dem Palazzetto machte einst Raffael seiner Muse, der Bäckerstochter »La Fornarina«, den Hof. Heute wird erstklassige römische Küche serviert. ●●

Le Streghe

Vicolo del Curato 13 (Centro Storico)
Tel. 0 66 86 13 81
www.osterialestreghe.it
So geschl.
Emanuela fabriziert in ihrer Hexenküche in der historischen Altstadt **fantasievolle Menüs.** Sehr gute Weinauswahl, viele Gemüsegerichte. ●●

Echt gut!

Trattoria Perilli

Via Marmorata 39 (Testaccio)
Tel. 0 65 74 24 15][Mi geschl.
Römische Kalorienbomben seit mehr als 80 Jahren. Seit jeher »in«. ●–●●

Buttero

Via Lungaretta 156 (Trastevere)
Tel. 0 65 80 05 17][So geschl.
Deftige römische Küche, aber auch Pizza zu moderaten Preisen. ●

Da Marcello

Via dei Campani 12 (San Lorenzo)
Tel. 0 64 46 33 11
nur abends, Sa/So geschl.
Urrömische Trattoria mit Holztischen und Papiertischdecken, wo die *mamma rigatoni alla carbonara* oder *alla gricia* kocht. Reservierung ratsam. ●

Echt gut!

Hostaria Nerone

Via Terme di Tito 96 (Kolosseum)
Tel. 0 64 81 79 52][So geschl.
Alter Familienbetrieb, römische Küche, gute Fischgerichte. Schöne Aussicht auf Kolosseum und Trajansthermen. ●

Trattorien und Pizzerien

Alberto Ciarla

Piazza San Cosimato 40 (Trastevere)
Tel. 0 65 81 86 68
mittags und So geschl.
All'aria aperta genießt man wunderbaren Fisch und Meeresfrüchte. ●●●

Il Boom

Via dei Fienaroli 30a (Trastevere)
Tel. 0 65 89 71 96][mittags und So geschl.
Beliebtes Lokal mit 1950er-Jahre-Atmosphäre. Kreative, mediterrane

Küche mit Schwerpunkt auf vegetarischen Gerichten. ●–●●

■ **Uno e bino**
Via degli Equi 58 (San Lorenzo)
Tel. 0 64 46 07 02
mittags und Mo geschl.
Bis Mitternacht serviert Gloria ihre vorzugsweise vegetarischen Menüs, es gibt aber auch gute Fisch- und Fleischgerichte. Reservieren! ●–●●

■ **La Piazzetta de Trastevere**
Via Cardinale Merry Del Val, 16B (Trastevere)][Tel. 0 65 80 62 41
www.lapiazzettadetrastevere.com
Mi Mittag geschl.
Fisch und Fleisch vom Grill, Holzofenpizza, hausgemachte Dolci. ●–●●

Echt gut!

Lieblingsrestaurants der Römer

■ Futtern wie bei Muttern: Das Essen in der **Trattoria Da Marcello** schmeckt Medienleuten und Studenten gleichermaßen. › S. 31

■ Große römische Kochkunst mit kreativen Menüs genießen Sie im rustikalen **Le Streghe.** › S. 31

■ Eltern schätzen die unkomplizierte Atmosphäre, Kinder die knusprige Pizza und leckere Pasta von **Da Romolo Alla Mole Adriana.** › S. 32

■ Urrömische Trattoria auf der Tiberinsel: **Sora Lella** ist wegen ihrer traditionell-bodenständigen Gerichte allseits beliebt. › S. 83

■ **Il Margutta** zeichnet sich durch vegetarische Gerichte, künstlerisches Ambiente und prominente Gäste aus. › S. 90

■ Junge Römer treffen sich vor dem Ausgehen auf eine Pizza bei **Ivo a Trastevere.** › S. 126

■ **La Gensola**
Piazza della Gensola 15 (Trastevere)
Tel. 06 58 33 27 58
www.osterialagensola.it
Köstliche sizilianische Küche in einer der ältesten Osterien Roms. ●

■ **Zampagna**
Via Ostiense 179 (Testaccio)
Tel. 0 65 74 23 06][Mo–Sa mittags
Rustikale Trattoria mit simplen Gerichten wie *pasta e fagioli* und *spaghetti cacio e pepe* (Käse und Pfeffer). ●

■ **Da Romolo Alla Mole Adriana**
Via del Fosse di Castello 19 (Borgo)
Tel. 06 68 16 03][Mo geschl.
Familienfreundliche Pizzeria im Schatten der Engelsburg. ●

Echt gut

■ **Tram tram**
Via dei Reti 44 (San Lorenzo)
Tel. 06 49 04 16][Mo geschl.
Extravagante Rezepte, reiches Weinsortiment. Spezialitäten sind Fischsuppe und Gemüsespaghetti. ●

Enotece mit Speisekarte

■ **Enoteca Ferrara**
Via del Moro 1/A (Trastevere)
Tel. 06 58 33 39 20
www.enotecaferrara.it][nur abends
Neben einer guten Getränkeauswahl locken fantasievolle Gerichte. ●●

■ **Le Fate**
Viale di Trastevere 130
Tel. 0 65 80 09 71
www.lefaterestaurant.it
nur abends, Mi geschl.
Weinbar mit römischer Küche. ●–●●

■ **Enoteca Corsi**
Via del Gesù 87 (Centro Storico)
Tel. 0 66 79 08 21][So, Fei u. August sowie abends geschl.
Zum Wein munden *Zuppa di Farro* (Dinkelsuppe), *Trippa alla Romana* (Kutteln) und köstliche Mandelkekse. ●

Shopping

Das Herz von Roms Alta Moda pulsiert in den Straßen um die Piazza di Spagna: in der **Via Condotti, Via Frattina** und **Via Borgognona.** Hier liegen die attraktiven Showrooms und glitzernden Vitrinen der weltberühmten Designer.

Günstiger sind die Boutiquen in der **Via del Corso, Via dei Giubbonari** oder an der **Via Nazionale.** Gute Shoppingmeilen sind auch die **Via Cola di Rienzo** oder die **Via Appia Nuova.**

Moda Italiana

■ Krizia

Piazza di Spagna 87][www.krizia.it

Die extravaganten Modekreationen der Mailänderin Mariuccia Mandelli werden von jungen Frauen geschätzt.

■ Angelo di Nepi

Via Frattina 2, Via dei Giubbonari 28
Via Cola di Rienzo 267 a
www.angelodinepi.it

Die Adresse für Liebhaber von farbenfrohen Samt- und Seidenstoffen in modernen Schnitten.

■ Caleffi

Via Colona Antonina 53
www.caleffi.net

Inbegriff klassischer und hochwertiger Herrenmode.

■ David Saddler

Via del Corso 103, Via del Tritone 197, Via Cola di Rienzo 184 und 231 sowie Via Nazionale 184
www.david-saddler.com

Klassische Herrenanzüge – gute Qualität zu erschwinglichen Preisen.

■ Diesel

Via del Corso 186][www.diesel.com

Für modebewusste Teenies und Twens.

■ Discount dell'Alta Moda

Via Gesù e Maria 14/16 a
(Nähe Ⓜ Spagna)

Nicht die aktuellen Kollektionen, aber Designerklamotten zu Schnäppchenpreisen.

■ Le Grandi Firme

Via degli Astalli 18 (Nähe Pantheon)
www.outletgrandifirme.com

Hier hängt die Alta Moda des Vorjahres zu stark reduzierten Preisen.

Accessoires

■ Fausto Santini

Via Frattina 120 (Spanische Treppe)
Outlet Via S. Maria Maggiore 165
www.faustosantini.it

Schuhe aus feinstem Leder von klassisch bis trendverdächtig. Im Outlet

Max Mara auf der berühmten Via Condotti

Souvenir von der Piazza Navona

gibt es die Vorjahreskollektion zum halben Preis.

■ **Loco**
Via dei Baullari 22
(Nähe Piazza Navona)
Extravagante Schuhe von Roberto Cavalli oder Moma sowie originelle Accessoires.

■ **La Perla**
Via Condotti 79
Edle Dessous aus dem Hause des renommierten italienischen Labels.

■ **Mondello Ottica**
Via del Pellegrino 96–98
(Nähe Piazza Navona)
Originelle Brillen von den besten italienischen und internationalen Designern.

Stöbern unter freiem Himmel

■ **Mercato Campo de' Fiori**
Mo–Sa 6–13.30 Uhr
Roms stimmungsvollster Markt für Lebensmittel, Obst und Gemüse. Nach dem Einkaufen genießt man das Treiben in einem der vielen Cafés rund um die Piazza.

■ **Mercato dell'Unità**
Via Cola di Rienzo/Piazza del Unità (Prati), Mo–Sa 7–18 Uhr
Die neoklassizistische Markthalle ist ebenso eine Schau wie die frischen Lebensmittel.

■ **Mercato Piazza Testaccio**
Mo–Sa 6–13.30 Uhr
Lebensmittelmarkt und begehrter Schuhmarkt.

■ **Porta Portese**
zwischen Via Portuense und Via Ippolito Nievo, parallel zum Viale Trastevere, So 6–14 Uhr
Frühmorgens ist der Andrang auf Roms bekanntestem Flohmarkt noch nicht so groß. An Tausenden von Ständen wird gefeilscht. (Achtung, Taschendiebe!)

Antiquitäten

Berühmt für Antiquitäten sind die **Via del Babuino** und **Via Margutta** sowie die **Via dei Coronari.**

■ **Antiquarius Stampe e Libri**
Corso del Rinascimento 63
www.antiquarius-sb.com

■ **Nardecchia**
Piazza Navona 25
In beiden Geschäften gibt es schöne Veduten Roms aus dem 18. und 19. Jh.

■ **Alinari**
Via Alibert 16a][www.alinari.it
Reproduktionen historischer Aufnahmen des späten 19. Jhs.

Das besondere Souvenir

■ **Ai Monasteri**
Corso del Rinascimento 72
(Nähe Piazza Navona)
www.monasteri.it
Nostalgischer Laden mit ausgesuchten Produkten aus italienischen Klöstern.

■ **Gammarelli**

Via di Cestari/Via di Santa Chiara 34

www.gammarelli.com

Gleich beim Pantheon hat der einstige Hofschneider des Papstes seinen Laden. Rosenkränze und andere religiöse Artikel finden Sie in einigen benachbarten Geschäften.

■ **Euroclero**

Via Paolo VI. 31 (Nähe Vatikan)

www.euroclero.it

Großmarkt nicht nur für den Klerus. Günstige Socken oder Unterwäsche – züchtig-schlicht – für jedermann.

Küchendesign Made in Italy

■ **C.U.C.I.N.A.**

Via Mario de' Fiori 65

www.cucinastore.com

Nahe der Spanischen Treppe gibts Küchenutensilien in innovativem Design.

■ **'Gusto**

Piazza Augusto Imperatore 9

www.gusto.it

Imperium des guten Geschmacks mit Küchen-, Kochbuch- und Lebensmittelabteilung sowie mehreren Restaurants.

■ **Leone Limentani**

Via Portico d'Ottavia 47

(Souterrain; Nähe Teatro di Marcello)

www.limentani.com

Was wie das Warenlager eines Großhändlers aussieht, ist seit 1820 das bestsortierte Haushaltswarengeschäft Roms.

Gaumenfreuden

■ **Antica Norcineria Viola**

Campo de' Fiori 43

Sagenhafte Auswahl an Salsicce und Schinken.

■ **Enoteca al Parlamento**

Via dei Prefetti 15

www.enotecaalparlamento.it

Hervorragend sortiert, hilfreiche Beratung, Verkostung möglich; auch Versand.

■ **Volpetti**

Via Marmorata 47

www.volpetti.com

Gourmettempel Nähe Ⓜ Piramide mit bestem italienischem Käse, Balsamicoessig, Olivenöl, Pasta, Weinen und Grappe; auch Versand.

Am Abend

Der abendliche Corso im historischen Zentrum gehört zu den Höhepunkten eines Rom-Besuchs. Nahe der Piazza Navona sind die preiswerten Trattorien und Bars am Vicolo della Pace, an der Via Santa Maria dell'Anima oder rund um die Piazza del Fico zu empfehlen. Zu den beliebten Anlaufstellen der Römer gehören die Eisdielen (Gelaterie; › S. 81). Hinter jeder Theke locken einige besonders cremige und/oder fruchtige Sorte – einfach durchprobieren!

Ein weiterer wichtiger Treff ist Trastevere, wo man nach dem Essen im Freien flaniert, Straßenmusikanten lauscht oder einen Drink genießt. Roms Szene tanzt mit Vorliebe am Monte Testaccio › S. 119. Im preiswerteren Stadt-

Festlicher Abend im Teatro dell'Opera

teil San Lorenzo hat sich eine illustre lokale Szene von Studenten, Künstlern und Medienmachern etabliert. Nicht vergessen: Roms Nachtleben beginnt erst »dopo cena« (nach dem Abendessen) – gegen 23 Uhr!

Theater

Das aktuelle Programm steht in der Tagespresse. Informationen und Termine enthalten auch die wöchentlich erscheinenden Hefte **»Roma c'è«** und **»Trova Roma«** (Donnerstagsbeilage der Tageszeitung »La Repubblica«), außerdem liegt in vielen Hotels und an Info-Punkten das kostenlose **»L'Evento«** (mit englischer Kurzfassung) aus. Im Rahmen der **»Estate Romana«** (› S. 53) finden Freiluftveranstaltungen in Ostia Antica, im Anfiteatro del Tasso (Passegiata Gianicolense) oder im Giardino degli Aranci (Aventin) statt.

- **Kartenvorbestellung im Internet:** www.ticketone.it
- **Teatro Argentina**
Largo Torre Argentina 52
Tel. 0 66 84 00 03 11
www.teatrodiroma.net
- **Teatro Eliseo und Piccolo Eliseo**
Via Nazionale 183
Tel. 06 48 87 22 22 oder 0 64 88 21 14
www.teatroeliseo.it

Oper, Operette, Konzert

- **Teatro dell'Opera**
Piazza Beniamino Gigli 1
Ⓜ Repubblica][**Tel. 06 48 16 02 55**
www.operaroma.it
Roms Aushängeschild in Sachen konventioneller Kulturarbeit. Während der Estate Romana finden Open-Air-Opernabende in den Caracallathermen statt.
- **Auditorium Parco della Musica,**
Viale Pietro De Coubertin 30
Tel. 06 80 24 12 81 (allgemeine Infos);

Programm und Karten über Tel. 892 982 (nur in Italien, sonst Tel. 0 63 70 01 06) oder unter www.auditorium.com
Das moderne Auditorium von Stararchitekt Renzo Piano (drei Säle, großes Open-Air-Areal) im Norden der Stadt ist der ganze Stolz Roms. Es steht sowohl klassischen Konzerten als auch Pop- und Rock-Gigs sowie Tanz und experimentellem Theater offen. Eine wichtige musikalische Einrichtung und Teil des Auditoriums ist die **Accademia di Santa Cecilia, www.santacecilia.it**

■ Großes Vergnügen bereiten die sommerlichen Hof- und Kammerkonzerte, z.B. im **Giardino dell'Acqua Paola, Trastevere**, im **Kreuzgang von San Clemente** oder im **Marcellus-Theater, www.tempietto.it**.

Jazz und moderne Musik

■ Renommierte In-Treffs sind **Locanda Atlantide, Via dei Lucani 22, San Lorenzo, Tel. 06 44 70 45 40, www.locandaatlantide.com, tgl. 22–3 Uhr**, und **Fonclea, Via Crescenzio 82 a, Nähe Vatikan, Tel. 0 66 89 63 02, www.fonclea.it, tgl. 19–2 Uhr.**

■ Fetziger zu geht es im **Alexanderplatz, Via Ostia 9, Nähe Vatikan, Tel. 06 39 74 21 71, www.alexander platz.it, Mo–Sa 20–3 Uhr**, einer römischen Institution in Sachen Jazz.

■ Nicht nur Blues-Fans treffen sich im **Big Mama, Vicolo S. Francesco a Ripa 18, Trastevere, Tel. 0 65 81 25 51, www.bigmama.it, tgl. 21–1.30 Uhr.**

■ Angesagt sind Konzerte in den vier Sälen des **Alpheus, Via del Commercio 36–38, Ostiense, Tel. 0 65 74 78 26, www.alpheus.it, Di–So 22–4 Uhr, Juli/Aug. geschl.**, sowie an Sommerabenden das stimmungsvolle **Jazz Festival Villa Celimontana** mit internationalem Aufgebot, **Villa Celimontana, www.villacelimontanajazz.com, Juli/Aug.**

Diskotheken

An welchen Abenden Bands spielen oder die Stars der DJ-Szene die Nächte in den Diskos aufmischen, erfährt man aus dem »Roma c'è« (engl. Zusammenfassung). › auch Special S. 118

■ Trendsetter ist **Piper, Via Tagliamento 9, Tel. 0 68 55 53 98, www. piperclub.it, Do–So 22.30–4.30 Uhr**, an dessen Ruf der Disco-Club **Boem, Via Velletri 13, Tel. 0 68 41 22 12, www.boeme.it; Do–Sa ab 23 Uhr**, kräftig rüttelt. Beide Testaccio.

■ Sehr beliebt in der Szene ist aber auch die schicke Gay- und Hetero-Disko **L'Alibi, Via di Monte Testaccio 40/44, Tel. 0 65 74 34 48, Mi–So 23–4.30 Uhr**, im Sommer mit Terrasse.

■ **Gilda, Via Mario de Fiori 97, Nähe Spanische Treppe, Tel. 0 66 78 48 38; Mo und Juli/Aug. geschl., sonst 23.30–4 Uhr**, gilt seit jeher als Magnet für Roms Jetset.

■ Die angesagtesten DJs der Welt legen in der »Seifenfabrik« auf: **La Saponeria, Via degli Argonauti 20, Ostiense, Tel. 0 65 74 69 99, www.saponeriaclub.it, Mi–Sa 22.30–5 Uhr.**

■ Ebenfalls in Ostiense locken die Klubs **Sinister Noise, Via dei Magazzini Generali 4B, www.sinisternoise. com, Di–So 19–4 Uhr**, mit Rock und Soul über Garage bis zu Post-Punk und **Rashomon, Via degli Argonauti 16, www.rashomonclub.com, Do–Sa 11–4 Uhr, Juli/Aug. geschl.**, im alternativen Underground-Look mit Indie- und New-Wave-Musik.

Land & Leute

Steckbrief][Geschiche im Überblick][
Kunst und Kultur][Feste & Veranstaltungen

Steckbrief

Rom – die Ewige Stadt

Lage: 41° 54′ N, 12° 30′ O, in der Region Latium
Fläche: 1290 km^2, davon Vatikanstaat 0,44 km^2
Stadtbezirke: 22 innere Stadtviertel (*rioni*), 35 äußere Stadtviertel (*quartieri*), 6 Vorstädte (*borgate*)
Einwohner: 2,7 Mio.
Bevölkerungsdichte: 2120 Einw./km^2

Religion: 98% römisch-katholisch
Stadtwappen: S.P.Q.R. (Senatus Populusque Romanus, dt.: Senat und Volk von Rom)
Stadtpatrone: Petrus und Paulus (Feiertag: 29. Juni)
Telefonvorwahl: + 39 06
Zeitzone: MEZ
Währung: Euro (€)

Lage und Landschaft

Rom liegt auf etwa dem gleichen Breitengrad wie Barcelona, eingebettet in die Campagna Romana an den Ufern des Tibers, der die Stadt von Nord nach Süd durchfließt. Die Hügellandschaft der Campagna erstreckt sich im Norden bis zu den Monti della Tolfa und Sabatini, im Osten bis zu den Monti Sabini und Prenestini, grenzt im Süden an die Colli Albani und im Westen an das tiefe Schwemmland der etwa 20 km entfernten Küste des Tyrrhenischen Meeres.

Die sieben klassischen Hügel Palatino, Campidoglio, Aventino, Quirinale, Viminale, Esquilino und Celio, zwischen denen sich die römischen Foren und das Centro Storico ausbreiten, liegen östlich, Vatikan, Trastevere und Gianicolo westlich des Tibers.

Bevölkerung

Roms Bevölkerungsentwicklung spiegelt sein wechselhaftes Schicksal wider: Lebten unter der Herrschaft Trajans mehr als 1 Mio. Menschen am Tiber, so waren es nach dem Zerfall des Römischen Reiches nur noch 15 000. Obwohl die Einwohnerzahl rasch wieder anstieg, führte der Wegzug der Päpste nach Avignon Anfang des 14. Jhs. zur erneuten Reduktion auf 20 000 Bewohner. Erst um 1870 war Rom mit 200 000 Menschen wieder eine Großstadt, bis 1900 verdoppelte sich die Zahl.

Heute zählt die Stadt über 2,7 Mio. Einwohner. Doch hohe Mieten und sinkende Lebensqualität treiben viele Römer ins Umland. Die Bevölkerung des Centro Storico sank in 30 Jahren um ein Drittel. Bei gleichzeitiger Abwanderung des traditionellen Kleingewerbes in die Außenviertel gerät die vielgerühmte römische Mischung in Gefahr. Das wahre römische Leben findet man auch um den Campo de' Fiori, im einstigen Ghetto sowie in Trastevere und Testaccio immer seltener.

Die »Romani di Roma« sind stolz auf ihre große Vergangenheit und den Papst, doch echte Römer sind seit jeher in der Minderheit. In der Antike kamen Sklaven und Legionäre hierher, in Renaissance und Barock Künstler u.a. aus der Toskana und Umbrien, nach 1871 Beamte und Soldaten aus Piemont, später arbeitssuchende Süditaliener. Etwa 7,2% der Einwohner sind Ausländer (*stranieri*). Außerdem bevölkern alljährlich 6 Mio. Touristen die Straßen.

Wirtschaft und Politik

Rom ist die Hauptstadt Italiens und der Region Latium. Über 80 % der Bevölkerung arbeiten im Dienstleistungsbereich: Versicherungen, Banken und Behörden bestimmen das Wirtschaftsleben.

Dem 60-köpfigen Stadtrat auf dem Kapitol steht seit 2008 Giovanni Alemanno von der Berlusconi-Partei PdL als Bürgermeister vor; er war unter Berlusconi Land- und Forstwirtschaftsminister (2001–2006). Alemanno folgte dem Linksdemokraten Walter Veltroni (PD), dessen großer Verdienst 2001–2008 die Wiedereröffnung jahrzehntelang geschlossener Museen war.

Der Vatikanstaat ist eine unabhängige Enklave innerhalb der Stadt; Regierungsoberhaupt ist Benedikt XVI. Der Papst ist zudem das Oberhaupt der römisch-katholischen Kirche und Bischof von Rom.

Roma verde

Der 2007 erstellte Flächennutzungsplan der Stadt Rom erklärte 90 000 ha im Umland zur nicht bebaubaren Fläche. Der Schutz der Grünzonen, Lebensraum von 162 Tier- und über 1400 Pflanzenarten, soll Bodenspekulation unterbinden. Der Wandel zur grünen Metropole geht mit Fahrverboten, neuen Fußgängerzonen und dem Ausbau des öffentlichen Nahverkehrs einher: Eine Zweigstrecke der Metrolinie B in den Stadtteil Montesacro wird 2012, die Linie C über die Altstadt zum Vatikan voraussichtlich 2016 in Betrieb genommen. In Planung ist die 22 km lange Linie D aus der Altstadt in die nördlichen und südlichen Stadtviertel. Der Plan Roms, sich für Olympia 2020 zu bewerben, scheiterte jedoch wegen der Finanzkrise in Italien.

Geschichte im Überblick

»Sieben, fünf, drei – Rom schlüpft aus dem Ei!« Es ist kinderleicht, sich das Jahr zu merken, in dem die Legende die Gründung der Siebenhügelstadt ansiedelt. Mythisch wird diese den Zwillingen Romulus und Remus zugeschrieben, die von einer Wölfin gesäugt und vom Hirten Faustulus erzogen worden sein sollen.

Älteste Siedlungsfunde datieren allerdings eine weit frühere Zeit. Zu den ersten Bewohnern zählten die Sabiner, die wie ihre italischen Stammesvettern dem Stiergott huldigten. Der Name Italia, Italien, leitet sich möglicherweise von den Anhängern dieses Kultes, den »Vituli« (Söhne des Stiers), ab. Ihren Geburtstag feiert die Ewige Stadt, deren Name wohl auf das etruskische »Ruma« zurückgeht und eine Grenzfeste bezeichnete, am 21. April.

Königszeit

Ab 715 v. Chr. Der Einfluss der nördlich von Rom siedelnden Etrusker schlägt sich in der ersten Entwicklungsphase Roms nieder. Staat und Armee ordnen sich nach etruskischem Muster, der König ist Heerführer und Pontifex maximus (oberster Priester) zugleich.
Den sagenhaften Etruskerkönigen Numa Pompilius (er soll italische und etruskische Religionsvorstellungen vermischt und so zum Aufbau der römischen Götterwelt beigetragen haben), Tullus Hostilius und Ancus Marcius folgen vier weitere Regenten. Unter Tarquinius Priscus werden ab 616 v. Chr. die Melioration der Tiberufer zwischen Kapitol, Palatin und Esquilin in Angriff genommen und die Cloaca maxima gebaut. Servius Tullius wird die erste Stadtmauer zugeschrieben; Reste finden sich nahe der Stazione Termini. Gemeinsam mit seinem Nachfolger Tarquinius Superbus sorgt er für den Ausbau der lokalen Vormachtstellung.
509 v. Chr. Das Reich der Tarquinier endet mit dem Sturz des letzten Herrschers. Tyrannenmörder ist ein Ahnherr der Familie des späteren Cäsar-Attentäters Brutus.

Republikanische Zeit

Nunmehr fungiert die auf dem Marsfeld tagende Heeresversammlung als oberstes Machtorgan. Nicht die Zugehörigkeit zu einem Adelsgeschlecht (Gens), sondern die Vermögenslage entscheidet über den Einflussgrad. Neben den Volksversammlungen bilden der Senat als Ältestenrat sowie der Magistrat die Säulen für den Aufstieg Roms. Senatus Populusque Romanus – SPQR –, Senat und Volk von Rom, wird offizielle Bezeichnung der römischen Republik. Beamte (Konsuln, Quästoren, Prätoren, Zensoren, später Ädilen) werden auf

Zeit gewählt. Konflikte zwischen Volk und Adel führen zu einer Reihe von Gesetzen, die das Leben in den vier Stadt- und 17 ländlichen Bezirken Roms regeln.
396 v. Chr. Der Niedergang des Etruskerreiches beginnt mit der Eroberung der Stadt Veji.
387 v. Chr. Die Kelten, die zu Jahrhundertbeginn in Italien eingefallen sind, fügen Rom eine schwere Niederlage zu.
146 v. Chr. Der Dritte Punische Krieg endet mit der Zerstörung Karthagos. Rom erringt die Vormachtstellung im westlichen Mittelmeer.
81 v. Chr. Nach Niederwerfung der Reformbewegung der Gracchen setzt Sulla Truppen gegen die Bevölkerung ein. Pompejus und Gaius Julius Cäsar (100 bis 44 v. Chr.) bauen den Machtbereich zum Imperium aus, republikanische Rechte sind quasi nicht mehr existent.

Kaiserzeit

27 v.–14 n. Chr. Oktavian erhält den Ehrentitel Augustus und begründet das Kaisertum. Er lässt öffentliche Gebäude mit Marmor verkleiden: Rom wird zur »weißen Stadt«.
64 n. Chr. Kaiser Nero lässt nach einem verheerenden Großbrand in der Stadt sein »Goldenes Haus« (Domus Aurea) bauen.
98–117 Unter Kaiser Trajan erreicht das Römische Imperium seine größte Ausdehnung.
117–138 Hadrian konsolidiert die Reichshoheit und schottet das Imperium vor den »Barbaren« ab. Blüte hellenistischen Kulturguts.
193–235 Die Zeit der Severer erlebt nach Septimius Severus (Triumphbogen auf dem Forum Romanum) den Tyrannen Caracalla und Heliogabal (Elagabal), den von Antonin Artaud verherrlichten syrischen »Anarchisten auf dem Thron«.

Die kostbare Antiquitätensammlung in den Vatikanischen Museen

Mittelalterliches Goldmosaik in Santa Prassede

235–284 Unter den Soldatenkaisern beginnt der Abstieg des Imperiums. Aurelian lässt die Stadtmauer errichten. Grausame Christenverfolgungen unter Decius und Valerian.
284–305 Diokletian teilt das Reich in vier Herrschaftszonen und begründet die Tetrarchie. Angesichts einer zerrütteten Wirtschaft flüchten viele Bürger aus Rom.
312–337 Konstantin gelangt nach der Schlacht an der Milvischen Brücke auf den Cäsarenthron. Erstmals wird das Christentum anderen Religionen gleichgestellt. 326 weiht Papst Silvester I. die erste Peterskirche ein. 330 verlegt Konstantin seinen Regierungssitz nach Byzanz/Konstantinopel. Auf dem Sterbebett soll er zum Christentum konvertiert sein. Trotz des Niedergangs des Imperiums erlebt Rom durch die Christianisierung in der Spätantike nochmals einen Bauboom.
395 Nach dem Tode Theodosius' des Großen endgültige Teilung des Römischen Reiches.
476 Untergang des Weströmischen Imperiums. Nach einer Phase der wachsenden Bedrohungen durch Hunnen und Germanen unterwirft schließlich der germanische Heerführer Odoaker Italien. Er entthront den letzten römischen Kaiser, Romulus Augustulus.

Mittelalter

590–604 Papst Gregor der Große gewinnt die christlichen, aber nicht katholischen Langobarden für den Katholizismus.
756 Frankenkönig Pippin der Kurze überlässt die eroberten mittelitalienischen Gebiete dem Oberhaupt der Kirche. Die Pippinsche Schenkung markiert den Beginn des Kirchenstaates.
800 Karl der Große wird zu Weihnachten von Papst Leo III. zum Kaiser gekrönt.

1309 Exodus Papst Clemens' V. nach Avignon. In Rom leben nur noch rund 20 000 Menschen.
1377 Gregor XI. kehrt aus dem Exil in Avignon wieder in die Stadt am Tiber zurück. Das Große Schisma, das der Kirche sieben Gegenpäpste beschert, wird erst mit Papst Martin V. ab 1417 beendet.

Neuzeit

1527 Plünderung Roms durch deutsche Söldnertruppen Karls V.
1798–1814 Napoleonische Truppen besetzen wiederholt den Kirchenstaat, der in der Folge in das französische Kaiserreich eingegliedert wird, bis der Wiener Kongress die Päpste wieder in ihre Rechte einsetzt.
1870 Gründung des italienischen Einheitsstaates (Hauptstadt Rom).
1922 Mussolinis Marsch auf Rom läutet die faschistische Ära ein. Vor der Befreiung von den Deutschen durch die Alliierten 1944 werden Teile der Stadt bei verheerenden Bombenangriffen schwer getroffen.
1929 Mit den Lateranverträgen werden territoriale und finanzielle Fragen zwischen Staat und Kirche geklärt und die Grundlage für die Selbstständigkeit des Vatikanstaats geschaffen.
1946 Italien wird durch Volksentscheid Republik.
1955 Das erste Teilstück der U-Bahn Metropolitana wird eröffnet.
1957 »Römische Verträge«: Die EWG (heute EU) wird gegründet.
1978 Mit dem Polen Karol Wojtyla wird nach über 400 Jahren erstmals wieder ein Nichtitaliener Oberhaupt der katholischen Kirche.
1990er-Jahre Mit der Aktion »Mani pulite« (Saubere Hände) wird in großem Umfang Korruption aufgedeckt. Christdemokraten (DC) und Kommunisten (PCI) lösen sich auf.
1994 Der Grüne Francesco Rutelli wird Bürgermeister Roms; Wiederwahl 1997.

21. Jahrhundert

2005 Papst Johannes Paul II. stirbt nach 27-jähriger Amtszeit. Anlässlich seines Todes und der Wahl des neuen Papstes – des deutschen Kardinals Joseph Ratzinger, der den Namen Benedikt XVI. annimmt – kommen 3,5 Mio. Pilger nach Rom.
2008 Der Linksdemokrat Walter Veltroni, der ab 2001 und 2006 römischer Bürgermeister war, tritt von seinem Amt zurück, um für die Mitte-Links-Partei PD bei den Parlamentswahlen im April zu kandidieren. Doch Silvio Berlusconi wird zum vierten Mal Ministerpräsident. Giovanni Alemanno (PdL) wird zum Bürgermeister von Rom gewählt.
2011 Im November demonstrieren Zehntausende in Rom gegen die Macht der Finanzmärkte und Ministerpräsident Berlusconi, der daraufhin zurücktritt. Die Übergangsregierung unter Mario Monti soll bis zu den Neuwahlen 2013 notwendige Reformen durchsetzen.

Kunst und Kultur

Frühzeit

Der Einfluss der Etrusker auf die Entwicklung des römischen Gemeinwesens kann nicht hoch genug eingeschätzt werden. Die Ingenieurskunst (etwa die geniale Leistung der Cloaca maxima), Religion, Metallverarbeitung, vor allem aber die ausgezeichneten Handelsbeziehungen des nördlich von Rom regierenden Zwölfstädtebundes spielten für die Metropole eine prägende Rolle.

Die gern als »orientalisierende Phase« apostrophierte frühe Zeit wurde zudem in wachsendem Ausmaß durch die griechischen Kolonien in Unteritalien beeinflusst. Auch in dem im engeren Sinne kulturellen Bereich verdankte die junge Stadt beiden Gruppen entscheidende Impulse: Etruskische und hellenistische Baumeister errichteten am Tiber die ersten Tempel.

Mit der Expansion in vorchristlicher Zeit fand die Kultur des gesamten Mittelmeerraumes Eingang ins Geistesleben. Erbeutete Statuen, Skulpturen und Kostbarkeiten wurden indes nicht mehr in Kultstätten, sondern zu rein dekorativen Zwecken innerhalb der Stadtmauern aufgestellt. Mit dem Untergang des Etruskerreiches, das lange auch Vorbildfunktion im gesellschaftlichen Bereich gehabt hatte, setzte sich endgültig die hellenistische Kultur als prägend durch.

Roms Bildhauer, anfangs noch nicht am Tiber ausgebildet, sondern als menschliche Beute hierher verfrachtet, kopierten die häufig jahrhundertealten Statuen ihrer griechischen Vorbilder, sorgten für repräsentative Ausstattung der Aristokratenhäuser und schufen mit der realitätsnahen Porträtbüste eine Neuerung, die das alte Griechenland nicht gekannt hatte.

Imperiale Zeit

Tatsächlich bildeten der Personenkult und die dekorative Funktion die entscheidenden Motoren zur Entwicklung einer eigenständigen römischen Bildhauerei, die im 1. Jh. n. Chr. ihren vorläufigen Höhepunkt erreichte. Triumphbögen und Triumphsäulen entstanden, Reliefs mit Heroendarstellungen aus Kriegen wurden ausgemeißelt, Roms Kunst war nicht mehr idealistisch, sondern ganz der Zeit ihrer Entstehung verhaftet.

Auch in der Tempelbaukunst verließen sich die Baumeister nicht mehr auf ihre griechischen Vorbilder: Sie kreierten eine Mischung aus etruskisch-hellenistischem Stil, entwickelten die Säulenvorhalle und betonten die axiale Grundausrichtung. Neben der Fassadenverschönerung (Marmor) erhielt Rom in dieser Zeit gewaltige Bauten für das

Raffael, Selbstporträt um 1506

Volk: Zirkus, Amphitheater und Thermen verlangten eine Revolutionierung der Gebäudeformen. Die Baumeister entwickelten eine Art Beton, und die Architekten entdeckten neue Kuppelkonstruktionen, Strebewerke, Bogen-, Tonnen- und Kreuzgewölbe sowie neue Säulenanordnungen etc.

Private Auftraggeber wurden in der imperialen Zeit wichtige Mäzene: Mosaiken, Plastiken und Malereien schmückten die Paläste der Senatorenschicht. Am weitesten entwickelt war die Malerei, die bereits die Perspektive, die Genremalerei, Monumentalgemälde, Stillleben und Porträts kannte. Die erste christlich geprägte Kunst fand sich in den Katakomben.

Den Höhepunkt des literarischen Schaffens erlebte Rom unter den Kaisern Trajan, Hadrian und Mark Aurel. Ein Einschnitt war die fundamentale Neuorientierung, die den Übergang zum Christentum nach der Konstantinischen Wende markierte und etwa 40 Jahre andauerte. Architektonisch erwies sich die spätrömische Phase als außergewöhnlich fruchtbare Zeit. Zahllose Basiliken wurden errichtet, Rom erlebte einen Bauboom.

Mittelalter

Den Wirren des Frühmittelalters folgte die streng formale byzantinische Kunst, deren Zeugnisse insbesondere in zahllosen Kirchenmosaiken erhalten sind.

Der zwischen Rom und Byzanz ab 730 ausgefochtene Bilderstreit um die Darstellung des Antlitzes Christi in der Kunst führte in der Hauptstadt des Oströmischen Reiches zu einer streng formalistischen Ikonografie, während man sich in der Tibermetropole auf Papst Gregor den Großen berief und die Malerei als geeignetes Medium der Glaubensverbreitung anerkannte. Die Provinzialisierung der römischen Politik im 9. und 10. Jh., als Stadt und Papsttum zum Spielball lokaler Adelsfamilien wurden, führte auch zu einem Niedergang der Kunst.

Mit der romanischen Baukunst und schließlich den Meistern der Hochgotik (Pietro Cavallini, Giotto) erlebte die Tiberstadt einen künstlerischen Aufschwung, der jedoch mit dem Umzug der Päpste nach Avignon erneut zum Stillstand kam. Erst nach Beendigung des Schismas ging es unter dem Förderer des Humanismus, Papst Nikolaus V., ab 1447 wieder aufwärts.

Michelangelos Schöpfung in der Sixtinischen Kapelle

Renaissance

Die Epoche der Renaissance wurde geprägt von Malern und Architekten wie Masaccio, Bramante, Raffael und Michelangelo, die den wiederentdeckten Ideenreichtum der Antike konsequent umsetzten. Der Bau der neuen Peterskirche dokumentierte den Sieg der Renaissance über die Vorgaben der Antike. Der Status der Künstler wandelte sich vom schlecht bezahlten Handwerker zum umjubelten, mit mancherlei Privilegien ausgestatteten Genius.

Die Befreiung von den Zwängen der kirchlichen Auftraggeber vollzog ab 1590 Caravaggio, der erstmals Themen und Figuren seiner Bilder aus dem römischen Alltagsleben wählte. Eine zunehmende Anzahl privater Mäzene unterstützte diese Emanzipation des Künstlertums.

Das barocke Rom

Die Gegenreformation führte kurzfristig zu einer künstlerischen Stagnation. Schamhaft wurden allzu freizügige Darstellungen mit Feigenblättern oder Tüchern verhüllt (z.B. Michelangelos »Jüngstes Gericht«).

Manierismus und schließlich der Barock dokumentierten den Aufstieg der Päpste zu absolutistischen Herrschern. Die Kirchenfürsten wie etwa Papst Urban VIII. sorgten für die stadtplanerische Umgestaltung der über 1000 Jahre wild gewachsenen Tiberstadt. Plätze und Straßenschneisen brachten Struktur in das Häusermeer, Rom erhielt in groben Zügen sein heutiges Stadtbild. Unter Baumeistern wie Bernini und Borromini, die ständig bemüht waren, einander zu überbieten, erlebte der barocke Kirchenbau seine Hochblüte. Ab 1763 löste der deutsche Gelehrte Johann Joachim Winckelmann mit seinen Berichten eine bis heute andauernde Reisewelle in die Ewige Stadt aus, der sich auch Goethe nicht zu entziehen vermochte.

Nach dem Intermezzo der Französischen Revolution und Napoleons, das für Rom Umbauten durch Valadier (z.B. Piazza del Popolo, Pincio-Hügel) mit sich brachte, kam die künstlerische Kraft der Tiberstadt bis zur italienischen Einigung 1870 zum Stillstand. Der Kunstmarkt lieferte hauptsächlich archäologische Reminiszenzen der römischen Antike, die immer mehr durch Kopien ersetzt wurden.

Das 20. Jahrhundert

Der durch die Industrialisierung einsetzenden Bauwut an der Wende vom 19. zum 20. Jh. fielen unzählige historische Gebäude zum Opfer, darunter die Villa Ludovisi. Die Bewegung der Futuristen entdeckte die Geschwindigkeit als Motor des 20. Jhs., wurde aber erst drei Generationen später gewürdigt. Den Anschluss an die internationale Kunstszene (Dada, Expressionismus, Konstruktivismus) verpasste Rom durch den Einmarsch Mussolinis und dessen Baupolitik. Dieser ließ in imperialem Stil mit dem Corso del Risorgimento und der Via dei Fori Imperiali Schneisen in die Stadt schlagen und das EUR-Viertel errichten.

Moderne Kultur

Rom forciert derzeit seine Bemühungen, Anschluss an die Zentren der italienischen Gegenwartskunst zu finden. Noch sind Bologna und Genua als Treffpunkte der Kreativen und Mailand als Verkaufs- und Galerienstandort der Hauptstadt in dieser Hinsicht um Einiges voraus. Dennoch: Die Kunstszene ist durch Mittelkürzungen sowie den Generationenumbruch in Bewegung geraten und sucht auch in Rom nach neuen Wegen im dritten Jahrtausend. Auf institutioneller Seite hat man mit dem Umbau des Palazzo delle Esposizioni an der Via Nazionale riesige Ausstellungsflächen für aktuelle Kunst geschaffen. Hervorzuheben sind das Museum für zeitgenössische Kunst und Fotografie (Macro; › S. 119) und das Museum für Kunst und Architektur des 21. Jhs. (Maxxi; › S. 100). Die beiden spektakulären Neubauten entwarfen berühmte Architekten: das Maxxi Zaha Hadid, das Macro Odile Decq. Auch italienische Stararchitekten setzten Akzente. Von Renzo Piano stammt das Auditorium Parco della Musica (2002), das Roms Bedeutung als Theater- und Musikmetropole unterstreicht. Und der Römer Massimiliano Fuksas verleiht dem EUR-Viertel mit seinem luftig-lichten Kongresszentrum, das 2013 fertig werden soll, neuen Schwung.

Zwar sind die ruhmvollen Zeiten von Cinecittà (› S. 17) vorüber, doch spielt Rom immer noch eine Hauptrolle als Filmproduktionsstätte. Großen Mentoren des italienischen Films wie Visconti und Fellini ist eine Generation von weniger bekannten, gleichwohl bedeutenden Regisseuren gefolgt (z.B. Nanni Moretti, Silvio Soldini und Paolo Virzi).

Special

Kunst in Thermen und Katakomben

Statuen in dunklen, staubigen Museumsnischen, jahrelang eingerüstete Kirchenfassaden, verschlossene Museumsflügel … Ein Erneuerungsprogramm, das in seinem gewaltigen Umfang fast schon der Baupolitik der Renaissancepäpste gleicht, hat diesen traurigen Zustand beendet. Die unzähligen antiken Kunstdenkmäler erstrahlen in altem Glanz und werden dem Besucher durch einen ausgeklügelten didaktischen Apparat nähergebracht. Audio-Guides, Schautafeln, Modelle und Computeranimationen erläutern die Exponate, vermitteln Hintergrundwissen und machen Lust auf mehr. Das professionelle Management garantiert europäischen Standard: Funktionierende Reservierungsbüros, längst überfällige Einrichtungen für Behinderte, gut sortierte Läden und stilvolle Museumscafés runden die Besichtigung ab.

Archaeologia Card

!! Der Kauf dieser sieben Tage gültigen Karte lohnt sich. Sie gilt für: Kolosseum, Palatin, Forum Romanum, Museo Nazionale Romano (Palazzo Massimo, Terme di Diocleziano, Palazzo Altemps, Crypta Balbi), Caracallathermen, Tomba di Cecilia Metella und Villa dei Quintili. Verkauf bei den Monumenten oder online (www.ticketclic.it, 23 €).

Großer archäologischer Park

Das **antike Zentrum** der Ewigen Stadt › S. 69 – Kolosseum, Colle Oppio, Kaiserforen, Forum Romanum und Kapitol –, durch die urbanistischen Eingriffe Mussolinis zerstückelt und getrennt, wird derzeit zum größten archäologischen Park der Welt umgestaltet, der künftig sogar bis zur Via Appia Antica erweitert werden soll. Die Ausgrabungen in den Foren liefern nicht nur spannende Forschungsergebnisse zur Frühzeit Roms, sondern rekonstruieren auch den ursprünglichen baulichen Zusammenhang. Inzwischen ist die stark befahrene Via dei Fori Imperiali sonntags für den Straßenverkehr gesperrt und das Museo dei Fori Imperiali in den Trajansmärkten als museumsdidaktisches Zentrum der Kaiserforen eingerichtet worden.

Westlich vom Forum Romanum erhebt sich das Kapitol, der kleinste der sieben Hügel Roms. Nach aufwendigen Restaurierungs- und Umbaumaßnahmen zeigen die **Kapitolinischen Museen** › S. 70 einen Querschnitt durch die römische Kunst. Über eine unterirdische Galerie, die die Museumsflügel mit dem antiken Staatsarchiv verbindet, tauchen die Besucher ein in die lange Siedlungsgeschichte des Hügels, vorbei an Fundamenten, Hausmauern, Stelen, Tempelresten und Skulpturen.

Das **Museo Nazionale Romano** präsentiert seine wertvollen Bestände in verschiedenen Gebäuden. Im eleganten Renaissance-Palazzo Altemps › S. 80 setzen erstrangige frühklassische und römische Meisterwerke visuelle Akzente. In Hinblick auf ideale Beleuchtung, Belüftung und Präsentation der Exponate stellt der Palazzo Massimo › S. 94 ein Pilotprojekt dar. Mit Hilfe modernster Technik wird ein umfassendes Bild von Handwerk, Totenkult und Wirtschaft in der Antike vermittelt. Weitere interessante Abteilungen sind in den Thermen des Diokletian › S. 94 zu bewundern.

Archeobus

Unternehmen Sie eine Rundfahrt mit dem **Archeobus** entlang der Via Appia. Ab Piazza di Cinquecento Ⓜ Termini) geht es vorbei an Kolosseum und den Caracallathermen zu den Katakomben und der weitläufigen Villa dei Quintili. Das 48 Stunden gültige Ticket kostet 12 €. Die Fahrt kann an den zahlreichen Haltestellen beliebig oft unterbrochen werden. (www.trambusopen.com, Abfahrt Fr–So 9–16.30 Uhr, alle 30 Min.)

Statuen unter Strom

Besonderen Kunstgenuss bietet die Zweigstelle der Musei Capitolini im **Centrale Montemartini.** In dem ehemaligen Elektrizitätswerk leuchten neben alten gusseisernen Maschinen und Heizkesseln die glatten Marmorkörper von Götterstatuen. › auch S. 117

Feste und Veranstaltungen

März: Der 19. März markiert das volkstümliche **Fest des hl. Joseph,** das besonders im Stadtteil Trionfale gefeiert wird. Die Bäckereien verkaufen traditionell *bignè* und Krapfen. **Karwoche, Ostersonntag** und **Ostermontag** stellen die Höhepunkte im kirchlichen Festtagskalender dar. Der Papst geht am **Karfreitag** an der Spitze einer feierlichen Prozession zum Kolosseum und hält dort einen Wortgottesdienst. Ende des Monats findet der **Rom-Marathon** mit den weltbesten Langstreckenläufern statt.

April: Die **Festa della primavera** (Frühlingsfest) taucht die Spanische Treppe in ein grandioses Blumenmeer. Wie auch im Herbst pflastern Roms Künstler die Via Margutta während der **Kunstmesse** mit ihren Werken. Offizielle Veranstaltungen begleiten **Roms Geburtstag** am 21. April (Feuerwerk auf der Piazza del Campidoglio), während auf der Piazza di Siena im Park der Villa Borghese Italiens **Reitsportveranstaltung** Numero Uno beginnt.

Karfreitagsprozession

Mai: Der **1. Mai** wird traditionell mit einem von den Gewerkschaften ausgerichteten Open-Air-Rockkonzert gefeiert (Piazza San Giovanni), auf dem nationale wie internationale Stars debütieren.

Juni: Die **Festa di San Giovanni** (23./24. Juni) feiert der gleichnamige Stadtteil (San Giovanni in Laterano) traditionell mit Schnecken- und Spanferkelessen, Tanz, Musik und Fässern voller Wein aus den Castelli Romani. Der **Festtag der Stadtpatrone Petrus und Paulus** (29. Juni) wird mit feierlichen Prozessionen und Messen begangen. **Festival Internazionale di Ostia Antica:** Bis Ende Juni Musik und Tanz im römischen Theater. Oper und Ballett, World Music, aber auch italienische Liedermacher treten auf. Anschließend Sommerprogramm des Teatro di Roma.

Juli: Mitte des Monats feiert Trastevere die **Festa de' Noantri** mit Lichterketten, Abendessen im Freien, viel Musik und Folklore und natürlich viel Wein.

Im Rahmen der Veranstaltungsreihen der **Estate Romana** (»Römischer Sommer«, bis September) finden Konzerte, Tanz, Filmvorführungen etc. unter freiem Himmel statt **(www.estate romana.comune.roma.it).**

August: Festa della Madonna della Neve in der Basilika Santa Maria Maggiore (5. Aug.). Weiße Blüten fallen während der Messe auf die Gläubigen herab. Sie erinnern an einen wunderbaren Schneefall im August, der zum Bau der Kirche führte (› S. 101).

Oktober: Die Konzertsaison beginnt. Höhepunkt: die **Weinfeste** in den Albanerbergen! Die Tradition der antiken Weinfeste, der Vignalia, lebt in Frascati fort, dessen Wirte dann ihre Tavernen mit einem Bündel wilder Lorbeerblätter (*frasca*) schmücken. Das Dörfchen Marino verwandelt sich alljährlich zum Schlaraffenland. Grund: Marcantonio Colonna kehrte 1571 siegreich und trockenen Fußes aus der Seeschlacht von Lepanto heim. Als Landratte, die vorher niemals zur See gefahren war, erschien dem Admiral der päpstlichen Flotte dieses Wunder so erinnerungsträchtig, dass seither alljährlich in dem Ort während der **Ottobrate** Ströme von Wein aus der Fontana del Nettuno (Piazza San Barnabà) und der Fontana dei Mori (Piazza Matteotti) fließen – kostenlos.

Dezember: Fest der Unbefleckten Empfängnis (Festa dell'Immacolata Concezione am 8. Dez.) mit Schmückung der Marienstatue an der Spanischen Treppe. Auf der Piazza Navona wird Mitte des Monats der traditionsreiche **Weihnachtsmarkt** mit buntem Spielzeugkitsch, aber auch schönen Krippenfiguren eröffnet. Vor dem Weihnachtsfest stellen viele Kirchen ihre Krippen aus. Sehr zu empfehlen sind S. Maria in Via, S. Alessio, die Sixtinische Kapelle von S. Maria Maggiore und die Pfarrkirche Sacro Cuore di Maria an der Piazza Euclide (modernes Krippenspiel).

Jahresausklang (31. Dez.): geistlich mit einer festlichen Kerzenprozession in den Priscillakatakomben; profan bei einem Rockkonzert und anderen großen Events mit bekannten Stars auf der Piazza del Popolo.

Blumenschmuck an der Spanischen Treppe zur Estate Romana

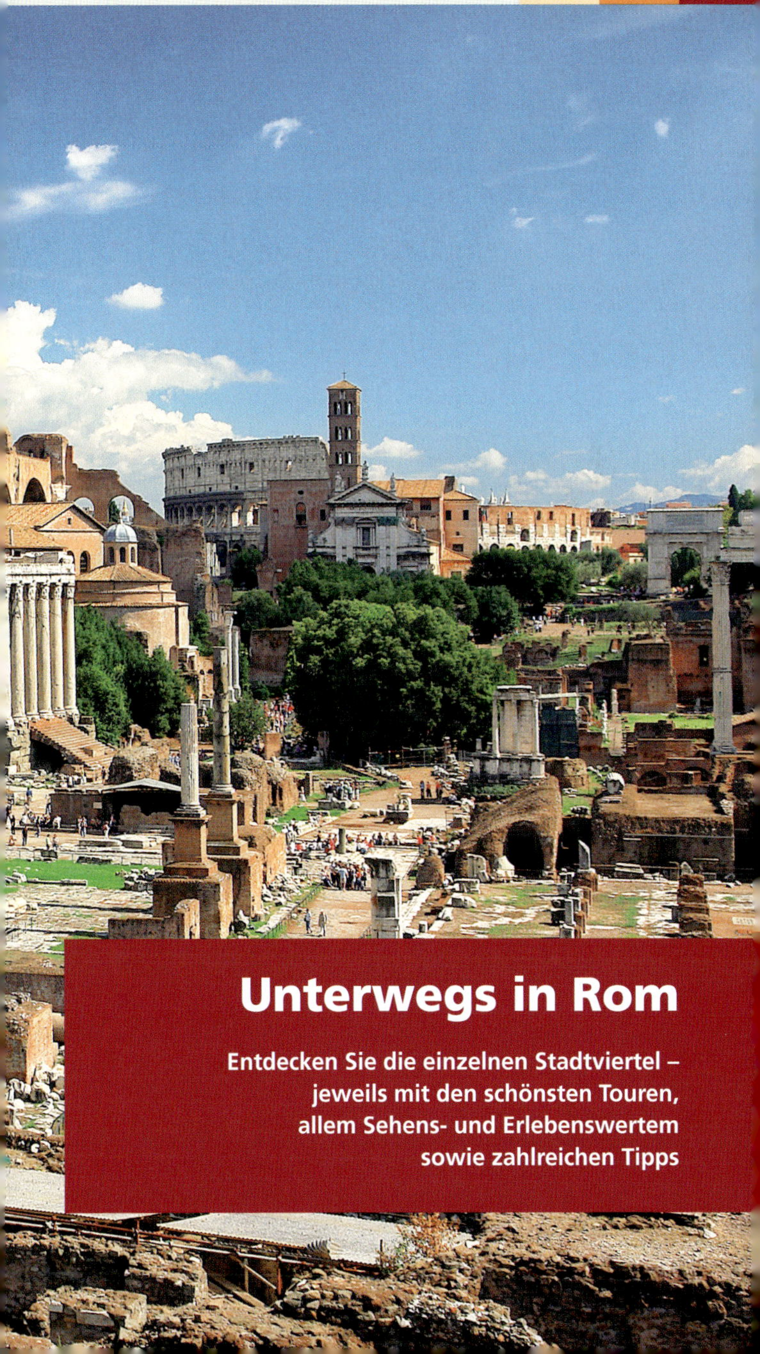

Unterwegs in Rom

Entdecken Sie die einzelnen Stadtviertel – jeweils mit den schönsten Touren, allem Sehens- und Erlebenswertem sowie zahlreichen Tipps

Der Vatikan

Nicht verpassen!

- Sonntags um 12 Uhr zum Vatikanpalast pilgern: Ist der Papst zu Hause, erteilt er den Angelus-Segen
- Besuch des Friedhofs Campo Santo Teutonico – nur wer deutsch spricht, darf hinein!
- Urlaubsgrüße mit Briefmarken des Vatikanstaats frankieren und auch gleich hier einwerfen – die vatikanische Post ist schneller als die italienische!
- Bei einem Bummel durch das Borgo-Viertel links und rechts der Via della Conciliazione das Flair der mittelalterlichen Gassen und Häuser atmen

Karte Seite 58

Zur Orientierung

Die Vatikanstadt (Città del Vaticano) ist seit den Lateranverträgen 1929 ein unabhängiger Staat innerhalb des römischen Stadtgebiets. Zum päpstlichen Territorium auf einer Anhöhe westlich des Tibers gehören Peterskirche und -platz, Vatikanpalast und Vatikanische Gärten. Auf nur 0,44 km^2 konzentriert sich die weltweite Macht der römisch-katholischen Kirche. Staats- und Kirchenoberhaupt ist der auf Lebenszeit gewählte Papst – seit 2005 Benedikt XVI. Der Vatikan gibt eigene Münzen und Briefmarken heraus, die bei Sammlern geschätzt sind.

Bereits im 4. Jh. wurde über dem vermuteten Grab des Apostels Petrus eine erste Kirche, Alt St. Peter, errichtet. Aber erst nach der Rückkehr aus dem Exil in Avignon 1377 verlegten die Päpste ihre Residenz vom Lateran auf den sicheren Vatikan, der über einen Fluchtweg mit der Engelsburg verbunden war. Während der Einigung Italiens verlor der Kirchenstaat seine Besitzungen. Nachdem 1870 italienische Truppen Rom eingenommen hatten, betrachtete sich der Papst im Vatikan als Gefangener Italiens; diesen Zustand beendeten 1929 die von Mussolini initiierten Lateranverträge.

Dreh- und Angelpunkt des weltweit kleinsten Staates ist die Peterskirche. Das Kircheninnere ist ebenso prachtvoll ausgestattet wie die päpstlichen Gemächer im Vatikanpalast: Einen Teil davon belegen heute die 14 (!) Vatikanischen Museen, die Kunstliebhaber vor die Qual der Wahl stellen.

!! Für **Papstaudienzen oder -messen** werden kostenlose Eintrittskarten ausgegeben; schriftliche Anmeldung mindestens zwei Wochen vorher bei der Päpstlichen Präfektur (Preffetura della Casa Pontificia, V-00120 Vatikanstadt, Tel. 06 69 88 31 14, Fax 06 69 88 18 98) oder beim Deutschen Pilgerzentrum, siehe unten. Auch für **Führungen durch die Vatikanischen Museen und die Vatikanischen Gärten** (Dauer ca. 2 Std.) muss man sich bis zu vier Wochen vorher anmelden: Tel. 06 69 88 46 76, visiteguidate.musei@scv.va, Museen März–Okt. Mo–Sa 10.30, 12, 14, sonst nur 10.30 Uhr, 31 €. Gärten März bis Okt. Di, Do, Sa 11 Uhr; Nov.–Feb. Sa 11 Uhr, 31 €.

Wichtige Adressen

- **Infobüro für Pilger und Touristen** (Ufficio pellegrini e turisti), Petersplatz, linke Seite Tel. 06 69 88 23 50, upt@scv.va, www.vaticanstate.va
- **Deutsches Pilgerzentrum** Via del Banco di S. Spirito 56, Tel. 0 66 89 71 97, www.pilgerzentrum.de, Mo, Mi–Fr 8.30–17, Di 8.30–18, Sa 8.30–13 Uhr.

Tour im Vatikan

Durch die Vatikanstadt

– 1 – **Petersplatz › ***Peterskirche › ***Vatikanische Museen › **Vatikanische Gärten › **Engelsburg › **Engelsbrücke

Dauer: 5–6 Std.

Praktische Hinweise: Morgens oder mittags ist der Besucherandrang in der Peterskirche (besonders am Kuppelaufgang) und in den Vatikanischen Museen weniger groß. Den Petersplatz erreicht man mit der Metro A (Ⓜ Ottaviano-S. Pietro), der Straßenbahn 19 sowie mit Bussen der Linien 23, 32, 81. Bei Engelsburg und Engelsbrücke fahren die Linien 40, 62.

**Petersplatz 1

Die 17 m breiten, aus vier Reihen dorischer Säulen (insg. 284) und Pfeiler (insg. 88) gebildeten Kolonnaden umarmen das Meisterwerk Berninis, der 140 Heiligenstatuen auf den Flügeln der Piazza San Pietro platzierte (ab 1656). Die beste Perspektive auf die Säulenreihen bieten zwei in das Pflaster eingelassene Rundscheiben links und rechts des **Obelisken,** den Domenico Fontana 1586 aus dem Zirkus des Nero herbringen ließ. Die Spitze des 37 n. Chr. aus

Karte
Seite 58

Ägypten an den Tiber verschifften Monolithen enthält eine Reliquie des Kreuzes Christi.

Durch die Absperrgitter – sie sollen die Pilgerströme, die sich bei Selig- und Heiligsprechungen auf den Petersplatz ergießen, kanalisieren – lässt sich die Wirkung, die Berninis grandioser Piazza-Entwurf im 17. Jh. ausübte, leider kaum noch ermessen.

Papstaudienzen finden in der Regel mittwochs um 10.30 Uhr auf dem Petersplatz statt (bei schlechtem Wetter in der **Nervi-Halle** **2**. Als Papst Benedikt XVI. noch Kardinal Ratzinger war, wandelte er gern über den **deutschen Friedhof Campo Santo Teutonico** links der Peterskirche. Die von hohen Mauern geschützte Insel der Ruhe ist nur für deutschsprachige Besucher zugänglich, die sich bei den Schweizer Gardisten am Eingang anmelden müssen (tgl. 7–12 Uhr).

cht gut!

! Am Eingang zum Petersdom und zu den Museen gibt es scharfe Sicherheitskontrollen. Für den Besuch der Kirche wird angemessene (d.h. knie- und schulterbedeckende) Kleidung verlangt.

1 ***Peterskirche 3

Die Basilica di San Pietro (April–Sept. tgl. 7–19, sonst bis 18.30 Uhr) steht auf den Rudimenten der Kirche Alt Sankt Peter. Diese wurde zu Zeiten Kaiser Konstantins über einem christlichen Märtyrergrab errichtet, in dem man auch das Grab des Apostels Petrus vermutet.

Das heutige Bauwerk entstand nach Entwürfen von Bramante sowie Antonio und Giuliano da Sangallo ab 1506 unter der Ägide des »Baupapstes« Julius II. Mit Raffael, Michelangelo u.a. wurden die berühmtesten Künstler der Hochrenaissance für die Gestaltung des neuen Gotteshauses verpflichtet. Die Peterskirche vereint architektonisch zwei berühmte antike Vorbilder: das Pantheon und die Maxentius-Basilika.

Von der **Benediktionsloggia** über der fünfportaligen Fassade spendete der Papst früher den Se-

– 1 –
Durch die Vatikanstadt

1 Petersplatz
2 Nervi-Halle
3 Peterskirche
4 Vatikanische Museen
5 Sixtinische Kapelle
6 Casa Pius IV.
7 Via della Conciliazione
8 Passetto
9 Engelsburg
10 Engelsbrücke

Ausschnitt aus den Mosaiken an der Kuppelgalerie

gen *Urbi et orbi;* heute geschieht dies meist auf dem Petersplatz.

Nach Passieren der Schweizer Garde, die im Blitzlichtgewitter der Touristen eisern ausharrt, folgen in der Säulenvorhalle die Reiterstandbilder Konstantins und Karls des Großen.

Von den fünf Eingangsportalen sind das ganz linke, von Giacomo Manzù Ende der 1950er-Jahre geschaffene **Portal des Todes** Ⓐ sowie das ganz rechte, die berühmte **Porta Santa** Ⓑ, hervorzuheben. Diese Bronzetür ist nur während eines Heiligen Jahres – zuletzt 2000 – geöffnet.

Innenraum

Vor dem Eintreten durch das mit den ****Bronzeflügeln** Antonio Filaretes verzierte **Hauptportal** Ⓒ lohnt ein Blick zurück: Giottos ****Navicella,** die Mosaikdarstellung des Sturmes auf dem See Genezareth (Ende 13. Jh.), stammt aus Alt Sankt Peter.

Zur Rechten steht, von Panzerglas geschützt, Michelangelos ****Pietà** Ⓓ, ein Jugendwerk des toskanischen Künstlers, das seinen Aufstieg in den Musenolymp beschleunigte.

Im Innenraum dominieren prächtige Papst-Grabmäler: Immer mit Blumen geschmückt ist das **Grab des Reformpapstes Johannes XXIII.** Ⓔ (1958–1963), vom Volk liebevoll Il Papa buono genannt. Das ***Grabmal Papst Clemens' XIII.** Ⓕ (1784–1792) von Antonio Canova mit dem berühmten sitzenden Todesengel sowie das 1642 bis 1647 entstandene ***Grabmal des Bienenpapstes Urban VIII.** Ⓖ (1623–1644) und das ***Grabmal Papst Alexanders VII.** Ⓗ (1672–1678), beide aus der Werkstatt Berninis, sind hervorzuheben.

Die meisten Besucher zieht es magisch zur ***Bronzestatue des hl. Petrus** Ⓘ. Der vorgestreckte rechte Fuß des Apostels zollt der 700-jährigen Verehrung Tribut: Berührungen von Millionen Pilgern haben zu kräftigem Abrieb geführt.

Mit dem **Vierungsaltar** Ⓙ (Papstaltar) und Berninis ****Baldachin** (1624–1633) unter Michelangelos Hauptkuppel ist das religiöse Zentrum Sankt Peters erreicht. Die Bronze der gewundenen Baldachinsäulen stammt aus dem Pantheon (› S. 81). Der Baldachin bekrönt den Altar, der sich wiederum genau über der Confessio mit dem **Petrusgrab** erhebt. Oberhalb, in der Vierungskuppel, steht in Latein das Bibelzitat (Matthäus 16,18): »Du bist Petrus und auf diesen Felsen werde ich meine Kirche bauen. Dir werde ich die Schlüssel des Himmelreiches geben.« Mit diesen Worten soll Jesus am Vorabend seiner Kreuzigung Petrus als ersten Apostel eingesetzt haben, und daraus leiten die Päpste ihren Führungsanspruch als Nachfolger Petri ab.

Die fünf Meter hohen Statuen in den Nischen der rund um den Hauptaltar gruppierten Vierungspfeiler stellen die Heiligen Veronika mit dem Schweißtuch, Helena mit dem Kreuz Christi, Longinus mit der Lanze und Andreas mit dem Kreuz dar. Sie verweisen auf die Reliquien, die in den Pfeilern aufbewahrt werden.

**Petersschatz K

Der Zugang in das Museo del Tesoro della Basilica di S. Pietro, die Schatzkammer von St. Peter, erfolgt über die ***Sakristei** (am Monument für Pius VIII.).

In neun Sälen sind großartige Objekte aus vielen Jahrhunderten ausgestellt. Neben wertvollen Kruzifixen sieht man auch den ***Bronzehahn,** der den Campanile von Alt Sankt Peter schmückte. Fälschlich der Krönungszeremonie Karls des Großen zugeschrieben wird die ***Dalmatica,** ein kostbares liturgisches Gewand, das jedoch erst viel später entstand (April–Sept. 8–18.30 Uhr, sonst 9–17.40 Uhr).

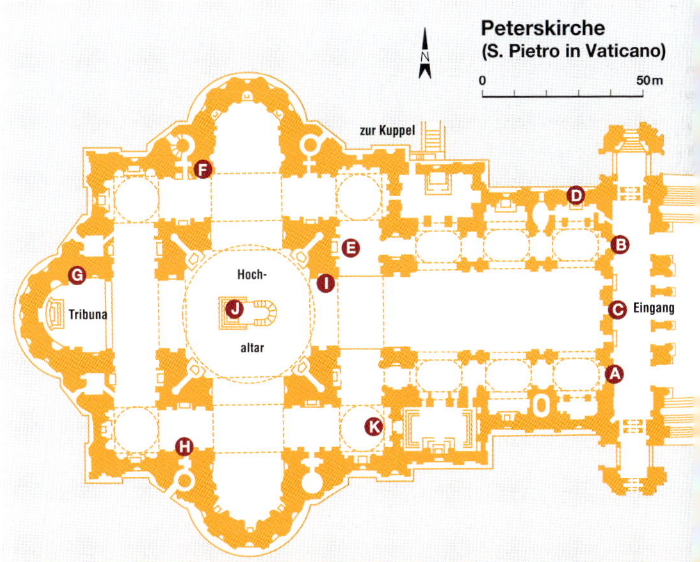

A Portal des Todes
B Porta Santa
C Hauptportal
D Pietà
E Grab Papst Johannes' XXIII.
F Grab Papst Clemens' XIII.
G Grab Papst Urbans VIII.
H Grab Papst Alexanders VII.
I Bronzestatue des hl. Petrus
J Vierungsaltar
K Petersschatz

Lange Gänge voller Kunstschätze im Vatikanspalast

**Grotten des Vatikans

Der Zugang zu den Grotten (Sacre Grotte Vaticane; tgl., April–Sept. 8–18, sonst bis 17 Uhr) liegt außerhalb der Kirche, rechts von der Vorhalle neben dem Eingang zur Kuppel.

Die ***Cappella di San Pietro,** die dem Petrusgrab am nächsten gelegene Andachtsstätte, erregt besondere Aufmerksamkeit. Hinter dem vergoldeten Gitter sieht man die Marmorwand mit Porphyreinfassung, die die Rückseite des Petrusgrabes bildet. Viele Päpste (u.a. Bonifaz VIII., Pius XII., Paul VI., Johannes Paul I. und Johannes Paul II.) sind in diesem Trakt beigesetzt.

Grabungen (1940–1957) brachten die ***Necropoli precostantiniana** (vorkonstantinische Begräbnisstätte) mit dem vermutlichen Petrusgrab ans Tageslicht (Besichtigung auf Anfrage beim Ufficio Scavi, Tel. 06 69 88 53 18, scavi@fsp.va). Sechs der freigelegten Räume sind auch während des normalen Rundgangs zu sehen. Am Ausgang der Grotten, deren Ausmaße heute eine veritable Unterkirche ergeben, steht eine weitere Petrusstatue, die einmal den Portikus von Alt Sankt Peter zierte. Die Sitzfigur, der später Hände und Kopf ausgetauscht wurden, war ursprünglich einem römischen Rhetor oder Philosophen gewidmet.

**Kuppel

Rechts von der Vorhalle befinden sich der Treppenaufgang (320 Stufen) bzw. der Fahrstuhl zur Kuppel (tgl., April–Sept. 8–18, sonst bis 17 Uhr). Giacomo Della Porta und Domenico Fontana vollendeten 1590 Michelangelos Meisterwerk mit der mächtigen Wölbung. Der Durchmesser der Kuppel beträgt 42 m. Damit ist sie geringfügig kleiner als die des Pantheons. Die **atemberaubende Aussicht** von der 128 m hohen Kuppellaterne reicht bis zu den Albaner Bergen. Grandios ist auch der

Echt gut

Blick von der Galerie im Tambour ins Innere der Basilika.

***Vatikanische Museen 4

Die Vatikanischen Museen und Galerien zählen zu den bedeutendsten Kunstsammlungen weltweit und verzeichnen jährlich über 4 Mio. Besucher.

!! Geöffnet ganzjährig Mo–Sa (außer Fei) 9–18 Uhr, Einlass bis 16 Uhr, Eintritt 15 €. So geschl., außer am letzten So im Monat 9–14 Uhr (Einlass bis 12.30 Uhr), freier Eintritt. Führungen › S. 57. Geschlossen am 1.1., 6.1., 11.2., 19.3., Ostermontag, Christi Himmelfahrt, Fronleichnam, 29.6., 14./15.8., 1.11., 8.12., 25./26.12. Tel. 06 69 88 49 47, www.museivaticani.va.

Echt gut! Ein im Internet bei http://biglietteriamusei.vatican.va bestelltes Ticket **erspart das Schlangestehen an der Museumskasse,** Vorverkaufsgebühr 4 €.

Das ***Museo Gregoriano Egizio** (Altägyptisches Museum) zeigt Funde aus Rom und Umgebung. Porträtbüsten aus der römischen Kaiserzeit begleiten den Besucher im ***Museo Chiaramonti,** das in den neuen Flügel, den Braccio Nuovo (ebenfalls Antikensammlung), übergeht.

Im ****Museo Pio Clementino** lockt im oktagonalen Cortile, der Keimzelle der Vatikanischen Museen, der berühmte **Apoll von Belvedere. Hier steht auch die ***Laokoon-Gruppe (Abb. › S. 64). Der verzweifelte Kampf des Apollonpriesters und seiner Söhne mit den zwei Schlangen, die ihnen die Göttin Athene sandte, symbolisiert den Untergang Trojas. Laokoon hatte vergeblich versucht, die Trojaner vor dem hölzernen Pferd der Griechen zu warnen. Das Werk war in der Zeit seiner Auffindung so berühmt, dass es der französische König Franz I. als Kriegsbeute für den Louvre verlangte. Es kam erst im 19. Jh. nach Rom zurück.

Echt gut!

Highlights der Vatikanischen Museen

- Michelangelos Geniestreich: die Erschaffung Adams in der **Sixtinischen Kapelle.** Gott erweckt den ersten Menschen durch eine Fingerberührung zum Leben. › S. 64
- Die **Schule von Athen** in den Stanzen Raffaels zählt zu den Meisterwerken des umbrischen Renaissancemalers, der hier Bramantes Neubau der Peterskirche zitiert und sich selbst porträtiert. › S. 64
- Caravaggio wählte für seine **Kreuzabnahme** (um 1600–1604), zu bewundern in der Pinakothek, einen ungewöhnlich realistischen Bildausschnitt.
- Die große **Goldfibel** (Mitte 7. Jh. v. Chr.) aus der Tomba Regolini-Galassi in Cerveteri, die im Etruskischen Museum ausgestellt ist, zeugt von einer reichen, längst vergangenen Kultur.
- Einblick in alte Bestattungsbräuche am Nil: Eine **Mumie aus Theben** (1000 v. Chr.) in verputztem und bemaltem Holzsarkophag zeigt das Altägyptische Museum.

Die berühmte Laokoon-Gruppe

Im ***Etruskischen Museum** lohnt es besonders, die Funde aus dem Grabmal**Tomba Regolini-Galassi zu betrachten, darunter wunderbar feine Goldarbeiten.

Die ****Galerie der geografischen Karten** führt dann zu den berühmten ****Stanzen Raffaels.** Unter Papst Nikolaus V. erbaut, ließ Julius II. die zum Teil bereits freskengeschmückten Zimmer ab 1508 umgestalten und beauftragte den jungen Raffael mit der Ausmalung. Der Maler aus Urbino widmete sich 1509–1517 der Neugestaltung der päpstlichen Gemächer. Die Sala di Costantino geht in den Vorlagen noch auf den Meister zurück, wurde aber von zwei Schülern ausgemalt. Zu den bekanntesten Werken Raffaels zählen in der Stanza della Segnatura die Fresken mit den Titeln **Schule von Athen und **Disput des Sakraments.

Davor passiert man die Stanza di Eliodoro, danach die **Stanza dell'Incendio del Borgo.

In 55 Sälen wird die seit 1973 existierende, 800 Werke umfassende ***Sammlung moderner religiöser Kunst** präsentiert. Man gelangt hierher über die Kapelle Papst Urbans VIII. und die ****Borgia-Gemächer,** die Pinturicchio 1492–1495 ausmalte.

Nach ***Apostolischer Bibliothek, Museo Pio Cristiano** (Funde aus den Katakomben) und ***Museo Gregoriano Profano** (Kopien der Bronzegruppe Athene und Marsyas, Original 5. Jh. v. Chr.) folgt die ****Pinakothek** mit Werken Giottos, Fra Angelicos, Filippo Lippis und Gentile da Fabrianos; Raffaels Meisterwerke, die **Krönung der Jungfrau (Incoronazione della Vergine), **Madonna di Foligno und die **Verklärung Christi, konkurrieren mit Leonardo da Vincis **Hl. Hieronymus.

Das ***Missions-Ethnologische Museum** zeigt Objekte aus dem außereuropäischen Raum sowie Präsente aus aller Welt an Papst Johannes Paul II.

2 Höhepunkt ist die *****Sixtinische Kapelle** 5, in der sich die Kardinäle zum Konklave, der Papstwahl, einfinden. Mithilfe japanischer Geldgeber konnte bei der Restaurierung in den 1980er- und 1990er-Jahren die Farbenpracht von Michelangelos Deckenmalereien enthüllt werden, die die Sicht auf die Kunst der Renaissance revolutionierte: Nicht Düsternis, sondern kräftige Farbtöne waren typisch für das toskanische Kunstgenie. Dargestellt

sind Szenen aus der Schöpfungsgeschichte. Beeindruckend ist auch Michelangelos Spätwerk (1536–1541), das **Jüngste Gericht an der Altarwand, das über 30 Jahre nach der Deckenausmalung entstand.

Restaurant

Renovatio la Soffita
Piazza Risorgimento 46/a
Tel. 06 68 89 29 77
www.ristoranterenovatio.it
Gemütliches Restaurant mit ausgezeichneter Pizza. ●–●●

**Vatikanische Gärten

Die Gärten mit dem Palazzo del Governatorato, Studio del Mosaico und der Päpstlichen Akademie sind nur mit einer Führung zugänglich (› S. 57). Eindrucksvoll ist die elegante ***Casina Pius IV.** 6 (1558–1561) von Pirro Ligorio und Giovanni Peruzzi.

Via della Conciliazione 7

Seit 1936 durchschneidet die schnurgerade Straße das mittelalterliche Gassengewirr des Borgo-Viertels als Sinnbild für die Verbindung zwischen Italien und dem Vatikan. Parallel zur Via della Conciliazione verlaufen Via dei Corridori bzw. Borgo Sant'Angelo, deren Existenz dem 1227 errichteten ***Passetto** 8, dem Fluchtweg der Päpste vom Vatikan in die Engelsburg zu verdanken ist. Der Gang befindet sich im Innern einer 800 m langen Mauer.

**Engelsburg 9

Die Engelsburg (Castel Sant' Angelo) war ursprünglich ein Mausoleum, das Kaiser Hadrian für sich und seine Familie errichten ließ. Sie erhielt ihren Namen 590 n. Chr., als Papst Gregor dem Großen während einer Pestepide-

Auf der autofreien Engelsbrücke flaniert man zur Engelsburg

mie auf der Spitze dieser militärischen Außenbastion der Tiberstadt ein Engel erschien und das Ende der Epidemie ankündigte. Die Seuche verschwand, die Engelsburg diente seither als päpstliche Festung, als Gefängnis und Kaserne. Heute beherbergt sie das ****Museo Nazionale di Castel Sant'Angelo** (Tel. 0 66 81 91 11, http://castelsantangelo.beniculturali.it; Di–So 9–19.30 Uhr).

Echt gut!

Die besten Aussichtsplätze

- Eine auf Hügeln erbaute Stadt bietet naturgemäß viele schöne Aussichtspunkte, aber nur von Michelangelos **Kuppel der Peterskirche** hat man den klassischen Rundumblick auf die Ewige Stadt. › S. 62
- Fern vom Rummel: Die **Terrasse der Engelsburg** ist der geeignete Schau-Platz über Tiber und Centro Storico. › S. 66
- Lassen Sie Ihre Augen vom Kapitol über das Forum Romanum schweifen: Auf der **Dachterrasse des Palazzo Caffarelli**, im Café der Kapitolinischen Museen, kann man die Glanzzeiten des römischen Imperiums bei einem Caffè Revue passieren lassen. › S. 71
- Das Beste am Blick vom Nationaldenkmal **Vittoriano** weit über die Piazza Venezia und die Via del Corso hinaus ist, dass man das pompöse Bauwerk selbst nicht sieht. › S. 69
- Riskieren Sie einen ungewohnten Blick durchs Schlüsselloch, den **Buco di Roma**, im Eingangsportal zur Villa Malta auf dem Aventin. › S. 116

Buch-Tipp Kaiser Hadrians Persönlichkeit entschlüsselte Marguerite Yourcenar in dem Roman **Ich zähmte die Wölfin** (dtv 2008).

Das Mausoleum versöhnt den archaisch-etruskischen Baustil (die runden Grabhügel Nordlatiums und der Toskana) mit der hellenistischen Kultur. Die spiralförmige Rampe des Grabmals führt zu den päpstlichen Gemächern mit *Fresken von Perin del Vaga und zur Waffensammlung. Vom Dach bietet sich ein **schöner Ausblick auf die Stadt.** Echt gut Während der Estate Romana sind die Wallanlagen der Engelsburg Schauplatz von Büchermärkten, Musik-, Sport- und Theaterveranstaltungen.

**Engelsbrücke 10

Roms schönste Tiberbrücke, der Ponte Sant'Angelo, geht auf Kaiser Hadrian zurück, der den damaligen Pons Aelius 133/134 n. Chr. als Zugang zur Engelsburg errichten ließ. Die Statuen des Petrus und Paulus, Werke Lorenzettos und Paolo Taccones, ließ Papst Clemens VII. 1534 aufstellen. Nach den Ideen Berninis schufen seine Schüler jene dekorativen Engelsstatuen, die die Brücke zum Vorbild barocker Brückenbaukunst in ganz Europa machten.

Restaurant

Simposio

Piazza Cavour 16][Tel. 0 63 20 35 75
www.pieroconstantini.it][So gechl.
Weinbar und Feinschmeckerlokal. ●●

Blick in das antike Pantheon

Centro Storico – das historische Zentrum

Nicht verpassen!

- Sich mit den verkleideten Gladiatoren am Kolosseum fotografieren lassen
- Einen abendlichen Aperitif auf der Piazza Navona nehmen
- Um 7 Uhr früh auf dem Campo de' Fiori die Obst- und Gemüsestände bewundern und das geschäftige Markttreiben bei Caffè und Cornetto con crema (Croissant mit Vanillefüllung) von einer Bar aus verfolgen
- Eine Münze über die linke Schulter in den Trevibrunnen werfen, damit es nicht der letzte Besuch in Rom bleibt

Zur Orientierung

Die Cäsaren des antiken Rom residierten auf dem Palatin und regierten auf dem Kapitol. Dazwischen erstreckten sich das Forum Romanum und die Kaiserforen, die gesellschaftlichen und wirtschaftlichen Zentren des Staates. Im Kolosseum wurde das Volk unterhalten. Noch heute vermitteln die Ruinen einen guten Eindruck von Glanz und Größe der Hauptstadt des einstigen römischen Weltreichs.

Theaterkulisse: Fontana di Trevi

Die tieferliegenden Gebiete weiter nördlich bis zur Piazza del Popolo, zwischen Tiber im Westen und Pincio sowie Quirinale im Osten, dienten in der Antike als Marsfeld und entwickelten sich erst nach der päpstlichen Machtkonsolidierung im Spätmittelalter zum Stadtkern. Im Herzen der Altstadt um die ovale Piazza Navona markieren Kirchen und Paläste römischer Adeliger und Kardinäle den Bauboom der Renaissance und des Barock.

Südlich vom Corso Vittorio Emanuele II, der das Viertel seit dem 19. Jh. durchschneidet, führt die »Tibertour« von der Piazza Bocca della Verità, dem ältesten besiedelten Gebiet Roms, über die Tiberinsel, durch das alte jüdische Ghetto, auf den Markt des Campo de' Fiori und in die Via Giulia, die mondänste Straße des 16. Jhs.

Eine Einkaufsmeile ist die schnurgerade Via del Corso, die Verkehrsachse vom Nationaldenkmal auf dem Monte Capitolino bis zur Piazza Popolo im Norden unterhalb des Monte Pincio. In den umliegenden Straßen locken exklusive Galerien, edle Antiquitätenläden und schicke Boutiquen – vor allem in der Via Condotti an der Spanischen Treppe. Ganz in der Nähe liegt die Fontana di Trevi: Nachts, wenn er angestrahlt wird, wirkt der opulente, formenreiche Brunnen geradezu magisch.

Karte Seite 70

Touren im Centro Storico

Durch das antike Rom

– 2 – *Piazza Venezia › **Piazza del Campidoglio › ***Forum Romanum › ***Kolosseum › **Kaiserforen › *Piazza Venezia

Dauer: 4–5 Stunden
Praktische Hinweise: Zur Piazza Venezia verkehren viele Busse (40, 60, 81, 87 usw.), am Kolosseum gibt es eine Ⓜ Station der Linie B. Für Forum Romanum, Palatin und Kolosseum ist der Kauf eines zwei Tage gültigen Sammeltickets (12 €) obligatorisch. Die Via dei Fori Imperiali ist sonn- und feiertags Fußgängerzone.

*Piazza Venezia

Über Roms Verkehrsknotenpunkt thront das neoklassizistische, 1885 bis 1911 erbaute **Monumento Nazionale a Vittorio Emanuele II** 1 mit dem »Altar des Vaterlandes« und dem Grabmal des Unbekannten Soldaten. Spöttische Zungen bezeichnen das »Vittoriano« genannte Nationaldenkmal als »Schreibmaschine« oder »Gebiss« (Zugang Piazza Venezia, 9.30–18.30 Uhr).

Einen tollen Blick genießt man von der **Aussichtsplattform** mit der mächtigen Quadriga. Hinauf fahren zwei Glaslifte (7 €).

echt gut!

Der **Palazzo Venezia** 2, ein Frührenaissancebau (1452–1491) mit Festungscharakter, beherbergt ein ***Museum,** das in 58 Sälen wertvolle Preziosen präsentiert; lohnend ist der Besuch der *Sala del Mappamondo mit perspektivischen Zeichnungen von Andrea Mantegna (Zugang Viale del Plebiscito 118, Tel. 0 63 28 10, www.galleriaborghese.it; Di–So 8.30–19.30, Kasse bis 18.30 Uhr). In den Palast integriert, besitzt die Basilika ***San Marco** Mosaiken aus dem 9. Jh. und eine bemerkenswerte Kassettendecke.

**Piazza del Campidoglio 3

Michelangelos berühmte Treppenanlage, die ***Cordonata,** führt auf die ebenfalls von ihm 1536 entworfene Piazza del Campidoglio, den Kapitolsplatz. Roms Bürgermeister residiert im ***Senatorenpalast,** vor dessen Aufgang der ***Minerva-Brunnen** plätschert.

Aufmerksamkeit erregt das ***Reiterstandbild des Kaisers Mark Aurel** (161–180 n. Chr.), eine Bronzekopie, die zum Stadtjubiläum am 21. April 1998 eingeweiht wurde. Das Original steht, vor Smog geschützt, in den Musei Capitolini.

Auf den Fundamenten des Tempels der Juno erhebt sich das Gotteshaus ***Santa Maria in Aracoeli** 4. Sein Eingangsportal wird über die steilen 124 Stufen der ***Freitreppe** erreicht (Mai–Sept. tgl. 9–12.30, 15–18, sonst tgl. 9 bis 12.30, 14.30–17.30 Uhr).

Weniger anstrengend ist der Zugang zur Kirche über den Kapitolsplatz: Linker Hand, vorbei am ***Neuen Museumspalast** (Palazzo Nuovo), führen Treppenanlagen zu einem Seiteneingang. Kaiser Augustus ließ nach einer Weissagung hier einen Himmelsaltar (Ara coeli) errichten. Teile dieses Altars sieht man durch einen Spalt am vermutlichen Grab der hl. Helena, der Mutter Kaiser Konstantins (Querschiff, Cappella di Santa Elena). Die Kirche ist für ihren Santo Bambino berühmt: Der Holzskulptur des Christuskinds aus dem 15. Jh. in der Sakristei sagt man Wundertätigkeit und Heilkraft nach.

**Kapitolinische Museen

Auf der Südkuppe des Kapitols erhob sich einst der Tempel des Jupiter Capitolinus, der mächtigsten römischen Gottheit. Heute ruht auf seinen Rudimenten der ****Konservatorenpalast** 5 (Palazzo dei Conservatori), Teil der Kapitolinischen Museen. Sie bestehen seit 1734 (unter Papst Clemens XII.) und waren damit die ersten öffentlich zugänglichen Kunstsammlungen der Welt.

Im Konservatorenpalast faszinieren bereits im Innenhof die Reste der einst 12 Meter hohen

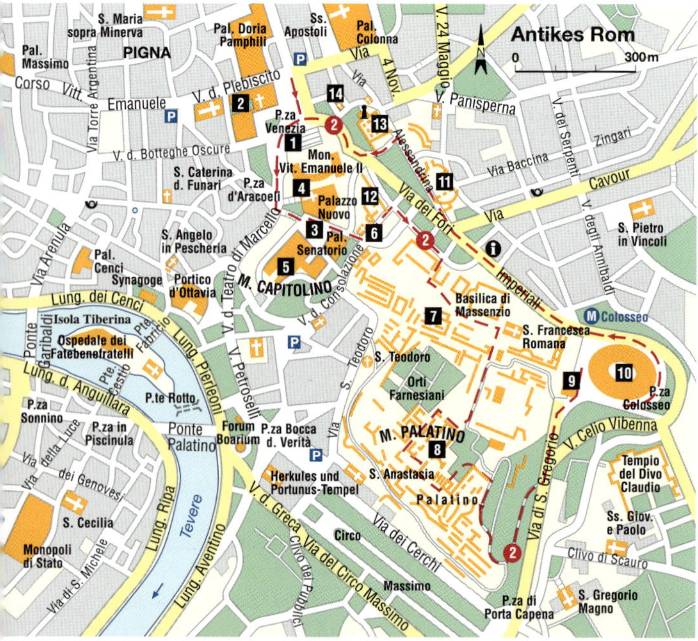

Kolossalstatue Kaiser Konstantins. In den Sälen ist neben der Statue des **Dornausziehers in der Sala dei Trionfi das berühmte Rom-Sinnbild der **Kapitolinischen Wölfin in der Sala della Lupa sehenswert. Hauptattraktion ist das originale **Reiterstandbild von Mark Aurel in einem eigens dafür geschaffenen Raum.

Im ersten Stock des **Palazzo Nuovo** gegenüber, um 1650 nach dem Vorbild des Konservatorenpalastes errichtet, lohnen die Statue des *Sterbenden Galliers in der Sala del Galata Morente und das Sosus-Mosaik mit den vier Tauben einen Blick. Weitere erstrangige antike Kunstobjekte schließen sich im Braccio Nuovo und Museo Nuovo an, während die ***Pinakothek** im 2. Stock Werke von Tizian, Rubens, van Dyck, Velázquez und Caravaggio (»Johannes der Täufer«) präsentiert.

Im **Palazzo Caffarelli** auf dem höchsten Punkt des Campidoglio werden wechselnde Ausstellungen gezeigt. Bei einem Cappuccino genießt man im **Café des Palazzo Caffarelli** eine der schönsten Aussichten über Rom (auch ohne Museumsticket zugänglich). Besonders romantisch ist die wunderbare **Dachterrasse.** (Alle Museen: Tel. 06 06 08, www.musei capitolini.org; Di–So 9–20 Uhr)

Echt gut!

Im Hof der Kapitolinischen Museen

– 2 –
Durch das antike Rom

1 Monumento a Vittorio Emanuele II.
2 Palazzo Venezia
3 Piazza del Campidoglio
4 S. Maria in Aracoeli
5 Konservatorenpalast
6 S. Giuseppe dei Falegnami
7 Forum Romanum
8 Palatin
9 Konstantinsbogen
10 Kolosseum
11 Forum des Augustus
12 Forum Julius Cäsars
13 Trajansforum
14 S. Maria di Loreto

Eine Galerie unter dem Kapitolsplatz führt auf das Gelände des **Tabulariums,** des antiken Staatsarchivs. Es dient seit dem Mittelalter als Unterbau für den **Palazzo Senatorio** und bietet einen großartigen Blick auf das Forum Romanum.

San Giuseppe dei Falegnami 6

Vom Kapitol gelangt man auf den Passaggio del Muro Romano, an dessen Ende sich die dem hl. Joseph und der Zimmermannszunft geweihte Kirche (um 1600) mit dem ***Mamertinischen Kerker** (Carcere Mamertino) erhebt. Unterhalb der Kirche befindet sich in den Verliesen des römischen Staatsgefängnisses die Kapelle San Pietro in Carcere. Hier schmachtete nach den christlichen Legenden auch der hl. Petrus. Er konnte fliehen, weil er die Kerkermeister zum Christentum bekehrte. Das Schicksal der meisten Gefangenen in der ehemaligen Zisterne war jedoch besiegelt: Ihre Leichen verschwanden in der unter den Kerkern fließenden Cloaca maxima (Clivo Argentario 1, Kirche nur zu Trauungen offen, Kerker Sommer 9–19, Winter 9–17 Uhr).

3 ***Forum Romanum 7

Die zwischen Viminal und Quirinal, Palatin und Kapitol gelegene sumpfige Talsenke bildete nach dem Bau der Cloaca maxima Herz und Zentrum des Römischen Weltreiches. Wie das Forum zu Zeiten der Cäsaren aussah, zeigt eine an den Kiosken erhältliche Illustration (Edizione Visioni).

Von der Kirche S. Giuseppe dei Falegnami führen der Clivo Argentario und die Via di S. Pietro in Carcere zum Forumseingang an der Via dei Fori Imperiali (tgl. 8.30 Uhr bis 1 Std. vor Sonnenuntergang, Sammelticket › S. 69; Reservierung Tel. 06 39 96 77 00, Audioguide auch auf Deutsch).

Der zentrale Platz

Vom Haupteingang führt die Via Sacra nach rechts zum zentralen Forumsplatz. An seiner Nordseite erheben sich die vierschiffige **Basilica Aemilia** Ⓐ, die ab dem Jahr 179 v. Chr. als Ladenpassage und Bankgebäude diente, und die **Kurie** (Curia) Ⓑ, die Sitz des antiken römischen Senats war. Die Ruinen des Baus gehen auf Kaiser Diokletian (um 300 n. Chr.) zurück, doch war der Platz schon in der Frühzeit Versammlungsort. Seit dem 7. Jh. als Kirche genutzt, wurde die Kurie Anfang des 20. Jhs. säkularisiert. Fünf Reihen Sessel auf den flachen Stufen im

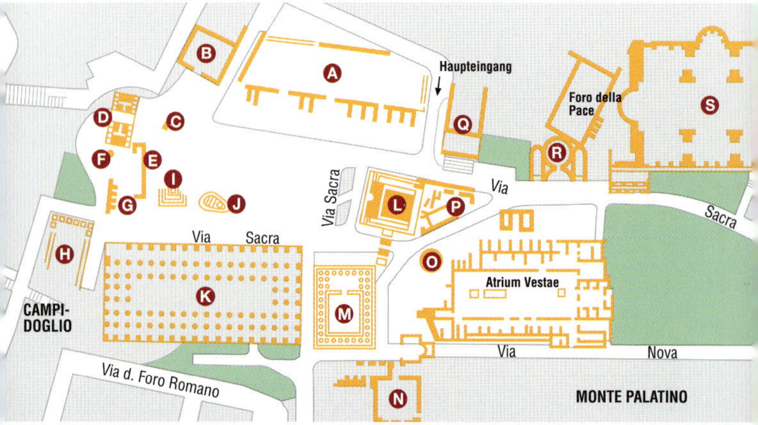

Inneren boten Platz für die mindestens 300 Senatoren.

Der **Lapis Niger** Ⓒ ist das älteste Denkmal des Forums. Unter dem schwarzen Stein soll Stadtgründer Romulus begraben sein.

Die vier Reliefs am ***Triumphbogen des Septimius Severus** Ⓓ stellen die Orientfeldzüge des Kaisers und seiner Söhne dar. Mordbube Caracalla ließ nach der Tötung seines Bruders Gaeta Lobeshymnen auf sich einmeißeln. Auf der berühmten Rednertribüne, der **Rostra** Ⓔ, wurden Redewettbewerbe ausgetragen, Testamente und andere wichtige Dokumente verlesen.

Da sprichwörtlich alle Wege in die Ewige Stadt führen, freut es Besucher, am **Umbilicus Urbis** Ⓕ (ein Steinkegel) das Zentrum des Römischen Weltreiches erreicht zu haben. Der goldene Meilenstein, der **Miliarium aureum** Ⓖ, ein einst mit Bronze verkleideter marmorner Zylinderblock, zeigte die Entfernung zu den wichtigsten Städten des Imperiums. Hinter den acht ionischen Säulen des **Saturntempels** (Tempio di Saturno) Ⓗ, wurde der Staatsschatz gehortet. Ende Dezember fanden hier die Festivitäten der Saturnalien statt, die als Vorläufer des Karnevals gelten.

Die 14 m hohe **Phokas-Säule** Ⓘ, eine von sieben Ehrensäulen, die nach dem Untergang des Imperiums errichtet wurden, ehrt den byzantinischen General Phokas, der 608 n. Chr. als Usurpator den Thron bestieg, dem Papst aber das Pantheon schenkte.

Der **Lacus Curtius** Ⓙ war als Verbindung zwischen Ober- und Unterwelt heilig. Früchte und Getreide, später auch Münzen, verschwanden in dieser wassergefüllten Bodensenke.

Die fünfschiffige **Basilica Julia** Ⓚ an der Südseite des zentralen Platzes war mit ihren 101 m Länge und 49 m Breite großen Gerichtsprozessen vorbehalten. Ursprünglich 169 v.Chr. errichtet,

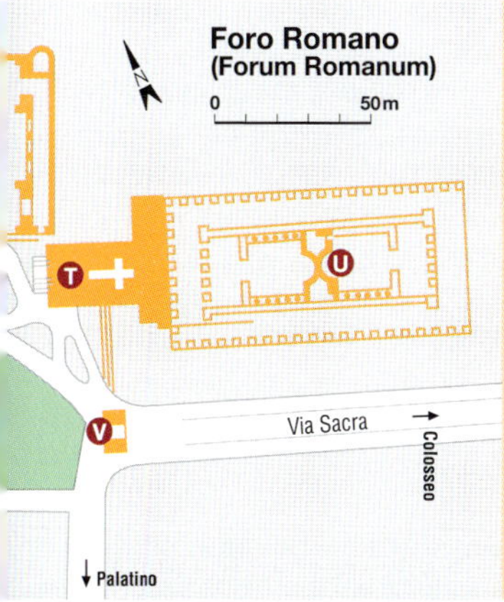

- Ⓐ Basilica Aemilia
- Ⓑ Kurie
- Ⓒ Lapis Niger
- Ⓓ Triumphbogen des Septimius Severus
- Ⓔ Rostra
- Ⓕ Umbilicus Urbis
- Ⓖ Miliarium aureum
- Ⓗ Saturntempel
- Ⓘ Phokas-Säule
- Ⓙ Lacus Curtius
- Ⓚ Basilica Julia
- Ⓛ Tempel des Julius Cäsar
- Ⓜ Tempel der Dioskuren
- Ⓝ Santa Maria Antiqua
- Ⓞ Rundtempel der Vestalinnen
- Ⓟ Regia
- Ⓠ Tempel des Antonius Pius und der Faustina
- Ⓡ Tempel des Romulus
- Ⓢ Maxentius-Basilika
- Ⓣ Santa Francesca Romana
- Ⓤ Doppeltempel der Venus und Roma
- Ⓥ Titusbogen

Schönes Relief am Titusbogen

ließ Cäsar sie 50 v. Chr. umbauen. An der Schmalseite des zentralen Platzes errichtete man den **Tempel des Julius Cäsar L**, dort wurde die Leiche Cäsars verbrannt.

Aus Tempeln werden Kirchen

Man verlässt den Forumplatz bei dem im 5. Jh. erbauten ****Tempel der Dioskuren** (Tempio di Castore e Polluce) M. Aus dem der Wassernymphe Juturna geweihten Lacus Juturnae sprudelte einst Quellwasser. Über den antiken Vicus Tuscus gelangt man zur Kirche **Santa Maria Antiqua N**, die als das älteste christliche Gebäude auf dem Forum gilt. 365 n. Chr. errichtet, symbolisiert sie den Triumph des Christentums an heidnischer Stätte.

Im ***Rundtempel der Vestalinnen** (Tempio di Vesta) O brannte das heilige Feuer. Hier führte die Gattin des keineswegs zölibatär lebenden Pontifex maximus, die Regina sacrorum, das Regiment über die Priesterinnen der Göttin Vesta. Erlosch das Feuer, mussten die Frauen mit dem Tode rechnen. Die Vestalinnen lebten im angrenzenden Haus der Vestalinnen, dem Atrium Vestae (von der Via Nova aus zu betrachten). Verloren sie ihre Jungfräulichkeit, wurden sie bei lebendigem Leib begraben; hatten sie jedoch 30 Dienstjahre unbescholten absolviert, überschütteten Volk und Senat sie mit Ehrungen.

Die **Regia P** erinnert an die einst hier residierenden römischen Könige, auch Cäsar bewohnte sie als oberster Priester, als *Pontifex maximus*. Diese Bezeichnung ging später auf den Papst über. Zehn Säulen und ein Architrav sind vom **Tempel des Antoninus Pius und der Faustina Q** geblieben, in den im 7. bis 8. Jh. die Kirche San Lorenzo in Miranda eingebaut wurde.

Der **Tempel des Romulus R** entstand 309 n. Chr. für den vergöttlichten Sohn des Kaisers Maxentius. Er ist heute Teil der Kirche Santi Cosma e Damiano, die wiederum über der Bibliothek des Friedensforums Vespasians steht.

Der Bau der **Maxentius-Basilika S** ist noch zu einem Drittel erhalten. Kaiser Konstantin siedelte hier nach der Schlacht an der Milvischen Brücke exklusive Geschäfte an. In dem 36 m hohen

Gewölbe stand die Kolossalstatue des Kaisers (Reste im Konservatorenpalast › S. 71). Den Päpsten diente die Basilika als Steinbruch.

In ***S. Francesca Romana** Ⓣ, früher S. Maria Nova, überragt eine Darstellung der Gottesmutter mit Kind aus dem 5. Jh. andere frühchristliche Arbeiten.

Letzter großer Komplex des Forums ist der ***Doppeltempel der Venus und Roma** Ⓤ. Natürlich gab es auf dem Forum Romanum auch Tavernen und Bordelle, deren Grundmauern an der Via Sacra entdeckt wurden. Außerdem gibt es hier einen Ausgang vom Grabungsgelände.

Der ***Titusbogen** (Arco di Tito) Ⓥ ist der älteste erhaltene Triumphbogen Roms. Titus-Nachfolger Domitian errichtete ihn nach der Eroberung Jerusalems. Im Beutezug gut erkennbar ist der siebenarmige Leuchter aus dem Tempel Salomons.

**Palatin 8

Der Clivo Palatino führt auf den Palatin. Mit Beginn der Kaiserzeit verlagerte sich das Machtzentrum des Reiches hierher. Die einstige Bedeutung des römischen Kaiserhügels lebt in den Begriffen »Palast« und »Pfalz« fort.

Von der **Aussichtsterrasse** der auf dem Palatin im 16. Jh. angelegten Farnesischen Gärten, der wohl ältesten botanischen Anlage der Stadt, hat man einen schönen Blick über das Ruinenmeer der einst so prächtigen Palastbauten.

Kaiser Augustus wurde auf dem Palatin geboren und hatte hier seine Privatgemächer, ebenso wie seine kluge, politisch gewandte Gattin Livia im **Haus der Livia**. Weiter südlich entdeckten Archäologen das mit Wandmalereien geschmückte **Haus des Augustus** (Einlass nur in kleinen Gruppen Mo, Mi, Sa, So 11–15.30 Uhr). Aus republikanischer Zeit stammt das in der Kaiserzeit überbaute **Haus des Greifen** (Casa dei Grifi) mit Wandmalereien.

Vorbei an den Empfangs- und Repräsentationsräumen des **Domus Flavia** aus der Zeit Domitians gelangt man zum **Museum** (offen bis 1 Std. vor Schließung des Geländes) mit Funden der palatinischen Siedlung; hervorzuheben sind die Lampana-Reliefs.

Ein großartiger **Belvedere** an den Südausläufern des Palatins öffnet den Blick auf den Circus Maximus und den Aventin. An der **Domus Augustana** und am **Stadion des Domitian** vorbei führen Treppen zum Ausgang an der Via di San Gregorio. (Geöffnet wie Forum Romanum; Sammelticket › S. 69; Haupteingang an der Via di S. Gregorio 30)

*Konstantinsbogen 9

Der Arco di Costantino wurde nach dem Sieg Kaiser Konstantins in der Schlacht an der Milvischen Brücke (Oktober 312) über Maxentius errichtet. Mit dem Rückgriff auf ältere Kaiserreliefs, die hier verbaut wurden, bezieht sich Konstantin auf die »guten alten Imperatoren« des 2. Jhs. Das Bauwerk (312–315) ist der größte erhaltene antike Triumphbogen.

Stolze Ruine: das Kolosseum

4 ***Kolosseum 10

In der ovalen Anlage des viergeschossigen Kolosseums (ca. 73–80 n. Chr.) fanden 50 000 Menschen Platz. *Panem et circenses,* Brot und Spiele, mussten die Cäsaren ihren Bürgern bieten, wollten sie ihre absolute Macht unangetastet erhalten. In gehobenen römischen Kreisen war es jedoch etwa ab dem 2. Jh. n. Chr. nicht mehr opportun, sich bei den *venationes* (blutrünstigen Tierhetzen) und Gladiatorenkämpfen sehen zu lassen.

Nicht bewiesen sind Christenverfolgungen und Martyrien im Kolosseum, wie das im Inneren aufgestellte Kreuz die Nachwelt glauben lassen möchte. Wahrscheinlich fanden Massenhinrichtungen im Circo Massimo statt.

Das Kolosseum gilt seit Papst Benedikt XIV. (Mitte 18. Jh.) als heiliger Ort und ist am Karfreitag Station des Kreuzwegs. (Piazza del Colosseo, Tel. 06 39 96 77 00; Sammelticket › S. 69; geöffnet wie Forum Romanum)

Restaurants

- Nach den Besichtigungen lockt ein Snack in der **Enoteca Cavour 313, Via Cavour 313, Tel. 0 66 78 54 96,** ●
- Zu empfehlen sind auch die Trattorien hinter dem Kolosseum, z.B. die **Al Gladiatore, Piazza del Colosseo 5, Tel. 06 77 20 94 96, Mi abends geschl.;** ●–●●

**Kaiserforen

An der Via dei Fori Imperiali, von Mussolini als Verbindung zwischen Kolosseum und Palazzo Venezia erbaut, liegen die antiken Kaiserforen. Bei groß angelegten Grabungen konnten Teile davon freigelegt werden.

Im **Forum des Augustus** 11 ragen die Säulen des Tempels des rächenden Gottes Mars (Mars Ultor) auf, der mit den Beutegeldern des Rachefeldzuges gegen die Cäsarmörder finanziert wurde. Im **Forum Julius Cäsars** 12 erinnern drei korinthische Säulen an den Tempel der Venus Genetrix.

Das Zentrum des gewaltigen, von Apollonius von Damaskus entworfenen **Trajansforums** 13 bildete die fünfschiffige Basilica Ulpia. Die **Trajanssäule**, das eindrucksvollste Monument der Kaiserforen, wurde 113 n. Chr. errichtet. Die 40 m hohe Siegessäule erinnert an Kaiser Trajans Regentschaft (98–117 n. Chr.) und seine Erfolge in den Dakerkriegen. Das Außenrelief mit über

2500 Figuren zieht sich spiralförmig über 270 m aufwärts. Trajans Statue auf dem Monument wurde 1587 durch die des Apostels Petrus ersetzt.

Ein Teil des Quirinalhügels musste für die in der Antike wie ein Weltwunder gefeierten ***Trajansmärkte** (Mercati Traiani) abgetragen werden. Dort, wo einst über 100 Läden und Geschäfte ansässig waren, informiert nun das moderne **Museo dei Fori Imperiali** über antike Architektur und die Geschichte der Kaiserforen (Eingang: Via IV Novembre 94, Tel. 06 06 08, www.mercatiditraiano.it, Di–So 9–19 Uhr).

Die Kuppelkirche ***Santa Maria di Loreto** 14, Grundsteinlegung 1501, zeigt eine bemerkenswerte Laterne mit ausgestellten kleinen Säulen, die viel zu mächtig für den eleganten Bau wirkt. Die unteren Bereiche der Kirche schuf Sangallo, vollendet wurde die Kirche von Giacomo Del Luca.

Die Altstadt um die Piazza Navona

– 3 – ****Piazza Navona** › ***Palazzo Altemps** › ***Piazza Santa Maria sopra Minerva** › *****Pantheon**

Dauer: 2–3 Stunden
Praktische Hinweise:
Die Piazza Navona ist per Bus (40, 116) zu erreichen. Vom Pantheon sind es nur wenige Schritte zum Largo Argentina, an dem die Straßenbahn 8 und die Busse 40, 62, 64 verkehren. Das Museo di Roma und der Palazzo Altemps (Teil des Museo Nazionale Romano) sind Mo geschl.!

5 Rund um die **Piazza Navona 15

Als wahrscheinlich schönster Platz Roms erinnert die Piazza Navona mit ihrer ungewöhnlichen Form an das antike Stadion des Domitian, über dem sie erbaut wurde. Zwischen Wahrsagern, Souvenir- und Luftballonverkäufern spielen Kinder, flanieren die Römer oder staunen Touristen aus aller Welt. Dominiert wird die Piazza von drei Brunnenanlagen.

In der Platzmitte zeigt der ****Vierströmebrunnen** (Fontana dei Fiumi, 1648–1651) die allego-

Die Darstellung des Río de la Plata an Berninis Vierströmebrunnen

rischen Figuren von Donau, Ganges, Nil und Río de la Plata. Sie symbolisieren die vier damals bekannten Erdteile.

Hartnäckig hält sich die Legende, dass Baumeister Bernini die Figur des Río de la Plata schützend eine Hand gegen die Fassade von **Sant'Agnese in Agone** **16** erheben ließ. Die Kirche stammt nämlich von seinem Konkurrenten Borromini, und Bernini wollte so angeblich sein Misstrauen gegenüber der ausgeklügelten Statik zum Ausdruck bringen. Doch wie groß die Konkurrenz der genialen Baumeister auch gewesen sein mag – der Vierströmebrunnen war bereits vor Baubeginn der Kirche fertig …

– 3 –
Die Altstadt um die Piazza Navona

15 Piazza Navona
16 Sant'Agnese in Agone
17 Palazzo Braschi
18 Piazza Pasquino
19 Santa Maria della Pace
20 Palazzo Altemps
21 Sant'Agostino
22 San Luigi dei Francesi
23 Sant'Ivo alla Sapienza
24 Piazza Santa Maria sopra Minerva
25 Pantheon

– 4 –
Am Tiber entlang

26 Santa Maria in Cosmedin
27 Forum Boarium
28 Janusbogen
29 Wechslerbogen
30 Teatro di Marcello
31 Ospedale dei Fatebenefratelli
32 San Bartolomeo
33 Hauptsynagoge
34 Sant'Angelo in Pescheria
35 Piazza Mattei
36 Crypta Balbi
37 Area Sacra Argentina
38 Palazzo Pio
39 Palazzo Spada
40 Palazzo Farnese
41 Campo de' Fiori
42 Palazzo della Cancelleria
43 Tribunalpalast
44 San Giovanni dei Fiorentini

Den **Mohrenbrunnen** am Süd- und den **Neptunbrunnen** am Nordende der Piazza schuf Giacomo della Porta (1575/76).

Den ***Palazzo Braschi** **17** ließ 1791 Papst Pius VI. für seinen Neffen erbauen. Heute beherbergt er das **Museo di Roma,** das mit über 100 000 Objekten die Stadthistorie veranschaulicht. Aus dem Obergeschoss bietet sich ein **großartiger Blick auf die Piazza Navona** (Di–So 10–20 Uhr, www.museodiroma.it, 7,50 €). Echt gut!

Auf der ***Piazza Pasquino** **18** erhebt sich die Statue des Pasquino. Dieser antike Torso aus dem 3. Jh. ist eine der »sprechenden Statuen« von Rom. Es gab mehrere dieser Statuen in der Stadt; die

Römer nutzten sie, um ihren Unmut über aktuelle Geschehnisse oder bestimmte Personen kundzutun, indem sie Zettel mit Spottversen an die Statuen hefteten.

Über die Via del Teatro Pace erreicht man ***Santa Maria della Pace** 19, die Besucher mit Raffaels Fresko der »Vier Sybillen« (1514) lockt. Der zweigeschossige Kreuzgang geht auf den Renaissancekünstler Bramante zurück.

Restaurants

Neben dem Nobelrestaurant **Tre Scalini** (Tel. 06 68 80 19 96, www.trescalini.it, Dez.–Feb. geschl., ●●●) locken abends viele Trattorien und Bars in die **Via della Pace**, z.B. das klassische **Antico Caffè della Pace, Via della Pace 3, Tel. 0 66 86 12 16, www.caffedellapace.it**, ●●. Ein In-Treff für den späten Abend ist die Weinbar **Mimì e Cocò, Via del Governo Vecchio 71, Tel. 06 68 21 08 45, www.mimiecoco.com**; auch Tische im Freien.

*Palazzo Altemps 20

In dem Renaissance-Palazzo (Piazza Sant'Apollinare) ist die ***Ludovisische Sammlung,** Teil des Museo Nazionale Romano, zu sehen. Diese Sammlung antiker Skulpturen zeigt eine Reihe herausragender Werke, wie den ****Ludovisischen Thron** (5. Jh. v. Chr.), den ***Galater, der sich und seine Frau tötet** oder den ***Hermes Ludovisi,** den Satyr aus der Schule des bedeutendsten Bildhauers der Antike, Praxiteles. (Tel. 06 39 96 77 00, http://archeoroma.beniculturali.it; Di–So 9 bis 19.45 Uhr; Sammelticket › S. 95)

**Sant'Agostino 21 und **San Luigi dei Francesi 22

In **Sant'Agostino** (tgl. 7.30–12.30, 16–18.30 Uhr) begeistern der **Prophet Jesaias von Raffael und die **Madonna dei Pellegrini von Caravaggio, während in der französischen Nationalkirche **San Luigi dei Francesi** (tgl. 10–12.30, Fr–Mi auch 16–19 Uhr) Caravaggio einen dreiteiligen **Bilderzyklus über den Evangelisten Matthäus schuf.

**Sant'Ivo alla Sapienza 23

Auf dem Corso del Rinascimento, vorbei am Palazzo Madama, dem Sitz des Senats, gelangt man zu Sant'Ivo alla Sapienza (nur So 9–12 Uhr, Messe um 9.30 Uhr). Borromini schuf hier unter völligem Verzicht auf Farben und Bilder durch die Kombination unterschiedlichster geometrischer Körper sein Meisterwerk.

Probieren Sie im Sommer die *Granita di caffè* im **Caffè Sant' Eustachio** (Piazza Sant'Eustachio 82, www.santeustachioilcaffe.it, tgl. 8.30–1 Uhr). Echt gut

*Piazza Santa Maria sopra Minerva 24

An der kleinen Piazza steht Berninis ***Elefantenobelisk.** Das ägyptische Kunstwerk auf dem Rücken des Rüsseltiers stammt aus dem 6. Jh. v. Chr. und steht vor den Toren eines antiken, der Isis geweihten Tempels.

****Santa Maria sopra Minerva**, auf den Ruinen des Isis-Tempels errichtet, wurde als einzige bedeutsame gotische Kirche Roms 1280 von Dominikanern begründet. Am Kirchenschiff ist der Einfluss der Florentiner Baukunst sichtbar. Zu den Sehenswürdigkeiten zählen die *Cappella Caraffa mit **Fresken Filippino Lippis, der Sarkophag der hl. Katharina von Siena und der *Auferstandene Christus von Michelangelo links des Hauptaltars. In der ersten Kapelle links vom Chor liegt das Grab von Bruder Beato (»Fra«) Angelico, die Medici-Päpste ruhen, vom Hochaltar aus gesehen, links und rechts.

6 ***Pantheon 25

Der unter Kaiser Hadrian Anfang des 2. Jhs. errichtete Tempel, ein Meisterwerk der antiken Architektur, war den Planetengöttern geweiht, deren Statuen die sieben Nischen zierten. Der Prachtbau ist in ausgezeichnetem Zustand; nur die vergoldeten Bronzeziegel der Kuppelschale und der Vorhalle fehlen.

608 wurde das Pantheon in eine Marienkirche umgeweiht. Die in einer Art antikem Beton gegossene Kuppel (› S. 67) mit ihrem imposanten Durchmesser von 43,30 m inspirierte Michelangelo zum Entwurf der Petersdomkuppel. Der elegante Zentralbau dient auch als bedeutende Grabstätte: Der Renaissancekünstler Raffael ruht hier (in der 3. Nische auf der linken Seite) genauso wie die italienischen Könige.

Das Pantheon wurde im Laufe der Jahrhunderte seiner Kunstschätze beraubt. Für die letzte Plünderung war Urban VIII. aus der Familie der Barberini verantwortlich: Er ließ aus der Bronzekassettendecke der Vorhalle den Prunkbaldachin für den Petersdom schaffen (› S. 60) und Kanonen gießen. Roms Antwort: An der Statue des Pasquino (› S. 79) erschien der Satz *Quod non fecerunt barbari, fecerunt Barberini,* »Was die Barbaren nicht schafften, erledigten die Barberini«. Die von Bernini applizierten Glockentürme wurden als Eselsohren verspottet und 1883 wieder abgerissen. (Mo–Sa 8.30–19.30, So 9–18, Fei 9–13 Uhr; Eintritt frei)

Roms beste Eisdielen

Echt gut!

- Kunst des Eismachens in Vollendung: **Pasticceria Giolitti,** Via Uffici del Vicario 40. Das Eis der Familie Giolitti gilt seit Generationen als das beste Roms. › S. 87
- Süße Versuchung: **San Crispino,** Via della Panetteria 42. Die cremigen Eiskreationen sind unwiderstehlich köstlich. › S. 96
- Erfrischende Vielfalt: **Gelateria della Palma,** Via della Maddalena 20. Hundert Sorten in allen Farben und Geschmacksrichtungen.
- Schokolade ist Trumpf: **Caffè Ciampini,** Piazza Trinità dei Monti. Besonders beliebt ist das zart schmelzende Eis »Tartufo al Cioccolato«. › S. 91
- Erlesenes Angebot: **Gelateria Monteforte,** Via Rotonda 22. Ein beliebter Treffpunkt römischer Naschkatzen am Pantheon.

Café

Echt gut! Vor dem Pantheon lohnt sich ein Besuch in **Roms bester Kaffeerösterei, Tazza d'Oro** (So geschl., www.tazzadorocoffeeshop.com). Man kann den wunderbar frisch duftenden Kaffee gleich dort im Stehen genießen – Sitzplätze gibt es keine – oder die Bohnen mit nach Hause nehmen.

Am Tiber entlang

– 4 – *Santa Maria in Cosmedin › *Tiberinsel › *Hauptsynagoge › **Crypta Balbi › *Campo de' Fiori › **San Giovanni dei Fiorentini

Dauer: 4 Stunden
Praktische Hinweise: Mehrere Buslinien fahren zum Anfang der Tour, zu Santa Maria in Cosmedin (30, 160, 170), und zum Ende an der Via Giulia (64, 116 u.a.). Diese Tour sollte man vormittags unternehmen, der Markt auf dem Campo de' Fiori findet Mo–Sa 6–13.30 Uhr statt.

*Santa Maria in Cosmedin 26

Ein Favorit aller Rom-Besucher ist der Echt gut! **Mund der Wahrheit (Bocca della Verità)** in der Vorhalle der Kirche (10–17 Uhr). Das Antlitz der Flussgottheit war in der Antike wohl ein Kanaldeckel der Cloaca Maxima. Die Legende besagt, dass Lügnern, die ihre Hand in den Mund stecken, diese abgebissen wird. Tag für Tag stellen Tausende ihre Glaubwürdigkeit auf die Probe. Im Innern beeindrucken die Cosmatenarbeiten (12./13. Jh.) und ein Mosaik (8. Jh.) in der Sakristei. Die Krypta ist in einen Ceres-Tempel hineingebaut.

Forum Boarium 27

Auf dem antiken Rindermarkt erheben sich mit dem runden Tempel des Herkules und dem Tempel des Portunus zwei gut erhaltene römische Tempel aus republikanischer Zeit. Bevor im 19. Jh. die Tiberbefestigung angelegt wurde, erstreckte sich der antike Handelsplatz vom Tiber bis zum **Janusbogen** 28 (Arco di Giano) unterhalb des Palatin. Der vierseitige Bogen (4. Jh.) war Kaiser Konstantin geweiht. Den **Wechslerbogen** 29 (Arco degli Argentari) widmeten im frühen 3. Jh. Geldwechsler und Viehhändler Kaiser Septimius Severus.

*Teatro di Marcello 30

An der Via del Teatro di Marcello steht auf der linken Seite das antike Marcellus-Theater mit den Einbauten der Palasträume der Adelsfamilie Orsini. Augustus hatte einst das 17 580 Plätze fassende Theater zur Erinnerung an seinen Neffen in Auftrag gegeben. Im Sommer finden Klassikkonzerte statt.

*Tiberinsel (Isola Tiberina)

Über den **Ponte Fabrizio,** die älteste antike Römerbrücke Roms (62 v. Chr.), betritt man die Tiberinsel. Die dem griechischen Heilgott Asklepios (Äskulap) geweihte Insel wurde bereits in der Antike wegen ihrer Ähnlichkeit mit einem Schiff mit Travertin in Schiffsform verkleidet. Die Bruderschaft des Krankenhauses **Ospedale dei Fatebenefratelli** 31 war im Spätmittelalter für die Pflege der Pestkranken und den Abtransport der Leichen zuständig. Auf den Ruinen des Äskulap-Tempels stehen seit der Zeit Kaiser Ottos III. **Kirche und Kloster von San Bartolomeo** 32 mit dem romanischen *Campanile.

Restaurant

cht gut!

Sora Lella, Via di P. Quattro Capi 16, am Ponte Fabrizio, Tel. 0 66 86 16 01, www.soralella.com. Institution der römischen Küche. So geschl. ●●–●●●

Jüdisches Rom

Über den Ponte Fabrizo gelangt man zurück auf die linke Tiberseite und betritt das alte jüdische Viertel, das sich – wieder von Juden bewohnt – noch viele malerische Winkel, koschere Läden und Restaurants bewahrt hat.

*Hauptsynagoge 33

Am Lungotevere dei Cenci erhebt sich die Hauptsynagoge mit dem **Museo Ebraico.** Der Bau wurde 1904 in orientalisierendem Stil errichtet und gilt als Monument der Befreiung der Juden aus dem Ghettodasein. Das Museum vermittelt deutschsprachige Führer, die durch das frühere Ghetto geleiten (Tel. 06 68 40 06 61, www.museoebraico.roma.it; 16. Juni bis

Bocca della Verità

15. Sept. So–Do 10–19, Fr 9–16 Uhr, sonst So–Do 10–17, Fr 9–14 Uhr; an jüdischen Fei geschl.).

*Sant'Angelo in Pescheria 34

Die Reste des **Portico d'Ottavia,** wo vor 2000 Jahren griechische Kunstwerke ausgestellt wurden, sind in der Vorhalle der Kirche Sant'Angelo in Pescheria verbaut. Berühmt ist das Kirchlein der christlichen Bekehrungsversuche wegen, die sich hier jahrhundertelang über die Mitglieder der jüdischen Gemeinde ergossen.

Piazza Mattei 35

Ein Schmuckstück ist der **Schildkrötenbrunnen** von Giacomo della Porta (1585) auf der verträumten Piazza Mattei. Die bronzenen Jünglingsgestalten gehen auf den Florentiner Bildhauer Taddeo Landini zurück. Sehenswert ist auch die Kirche **Santa Caterina dei Funari** in der gleichnamigen Straße (1560–1564).

**Crypta Balbi 36

Über die Via Caetani gelangt man zur Via delle Botteghe Oscure, der »Straße der dunklen Werkstätten«, wo es im Mittelalter eine schummrige Ladenzeile gab. Heute erhält man hier in den historischen Mauern der Crypta Balbi (Hausnr. 31) einen hervorragenden Einblick in die Siedlungsgeschichte Roms nach dem Ende der Antike. Rekonstruktionen, Grabungsfunde und Modelle veranschaulichen die Struktur der Stadt im Wandel der Zeit (Tel. 06 39 96 77 00, http://archeoroma.beniculturali.it; Di–So 9 bis 19.45 Uhr; Sammelticket › S. 95).

Echt gut!

Fantastische Wasserspiele – Roms schönste Brunnen

- Schlanke Jünglinge und possierliche Tierchen schmücken die Fontana della Tartarughe, den **Schildkrötenbrunnen,** auf der Piazza Mattei. › S. 83
- Berninis Meisterwerk, der **Vierströmebrunnen,** ist das barocke Sahnehäubchen mitten auf der Piazza Navona. › S. 77
- Traumkulisse für »La Dolce Vita« – und für Ihren Rombesuch: Der bombastische **Trevibrunnen** entfaltet seine volle Wirkung erst, wenn er nachts angestrahlt wird. › S. 91
- Der **Tritonenbrunnen** ist das Herz der Piazza Barberini und einer der schönsten Brunnen Berninis. Der griechische Meeresgott bläst Wasser durch sein Muschelhorn. Bernini schuf auch den zierlichen Bienenbrunnen am Platzrand. › S. 97
- Dralle Jugendstilnymphen und fabelhafte Meeresungeheuer geben sich auf der Piazza Repubblica ein Stelldichein: Der **Najadenbrunnen** überzeugt durch Ideen- und Formenreichtum. › S. 94

*Area Sacra Argentina 37

Die sog. Area Sacra Argentina am Largo Argentina bezeichnet Tempelruinen aus dem 3. und 2. Jh. v. Chr. Sie bezeugen den Stellenwert des Stadtviertels in republikanischer Zeit (nur Außenbesichtigung). Zahlreiche streunende Katzen haben hier eine Zuflucht gefunden › auch Special S. 25.

Über die Via di Arenula geht es in die Via dei Giubbonari. Bevor man nach links in den Vicolo delle Grotte abbiegt, erstreckte sich rechts vom **Palazzo Pio** 38 bis hin zu Sant'Andrea della Valle am Corso Vittorio Emanuele das antike Teatro di Pompeo.

Restaurant

Im Ristorante **Da Pancrazio** steht jene antike Säule des Theaterrunds, an der Julius Cäsar am 15. März 44 v. Chr. seine Mörder traf. **Piazza Biscione 92/94; Tel. 0 66 86 12 46, www.dapancrazio.it; Mi geschl., ●●–●●●**

*Palazzo Spada 39

Auf der Piazza Capo di Ferro wartet im Palazzo Spada mit der ****Galleria Prospettica Borromini** ein Kunstjuwel auf Besucher. Francesco Borromini nutzte in der nur 9 m langen Kolonnade glänzend die Möglichkeiten der illusionistischen Perspektivendarstellung (Zugang über Via Polverone 15b; Info/Reservierung Tel. 0 66 83 24 09, www.galleriaborghese.it; Di–So 8.30–19.30 Uhr).

*Palazzo Farnese 40

Den schönen Palazzo Farnese (16. Jh.) an der gleichnamigen Piazza nennen die Römer Il Dado, »der Würfel«. Hier residiert die französische Botschaft. Auf der Piazza fallen zwei gewaltige, aus den Caracallathermen stammende »Badewannen« auf, in denen sich das Wasser der ***Zwillingsbrunnen** von Rainaldi sammelt.

7 *Campo de' Fiori 41

Die zentrale **Statue** auf dem Campo de' Fiori (»Blumenfeld«), einem der stimmungsvollsten römischen Plätze, erinnert an Giordano Bruno, den bedeutenden Philosophen und Freidenker, der im Jahre 1600 als Ketzer auf dem Platz verbrannt wurde. Zu ihren Füßen findet jeden Vormittag (Mo–Sa 6–13.30 Uhr) der volkstümlichste römische ***Lebensmittelmarkt** statt. Gegen Mittag öffnen dann immer mehr Bars und Trattorien, bis die Piazza zum Ziel der Abendflanierer und Nachtschwärmer wird.

Restaurants

Um den Platz liegen empfehlenswerte bodenständige Tavernen wie

- **Hostaria Romanesca**
Tel. 0 66 86 40 24; Mo geschl., ●
- **Trattoria del Pallaro**
Largo del Pallaro 15
Tel. 06 68 80 14 88; Mo geschl., ●

Auch abends ist der Campo de´ Fiori stimmungsvoll

Palazzo della Cancelleria 42

Mit dem Gewinn einer durchspielten Nacht ließ Kardinal Raffaele Riario Anfang des 15. Jhs. diesen Palazzo erbauen. Das Baumaterial stammte zum Teil aus dem Kolosseum. Als exterritoriales Vatikangebiet beherbergt der Palast heute u.a. das päpstliche Eheannulierungsgericht. Einen Besuch lohnt auch die in den Palazzo della Cancelleria integrierte Basilika ***San Lorenzo in Damaso** (7.30–12, 16.30–20 Uhr).

Via Giulia

Über die Via del Pellegrino trifft man auf die schnurgerade Via Giulia. Den unter dem Namensgeber der Straße, Papst Julius II., begonnenen, jedoch nie vollendeten **Tribunalpalast** 43 (Nr. 52) haben Lästermäuler zum »Sofa« umgetauft. Statt des Palasts entstanden hier die Carceri Nuove, die »neuen Gefängnisse«, derzeit Sitz der Antimafia-Kommission.

Zu Beginn des 16. Jhs. zählte die Gegend um ****San Giovanni dei Fiorentini** 44 zu den besten Adressen und war Domäne der Florentiner Diplomaten, Bankiers und Kaufleute. Die Kirche lohnt den Besuch wegen Kunstwerken u.a. von Vater und Sohn Bernini, da Cortona und Borromini. Letzterer liegt wie Carlo Maderno in der Kirche bestattet (tgl. 7–12, 17–19 Uhr, Kunstsammlung auf Anfrage: Tel. 0 66 86 98 92).

Entlang der Via del Corso

– 5 – *Galleria Doria Pamphilj › *Sant'Ignazio › Augustus-Denkmäler › *Piazza del Popolo › **Monte Pincio › **Spanische Treppe › **Trevibrunnen

Dauer: 4–5 Stunden
Praktische Hinweise: Die Piazza Venezia nahe der Galleria Doria Pamphilj ist mit Bussen (81, 85) zu erreichen. Diese Linien halten auch nahe der Fontana di Trevi. Legen Sie die Tour auf den Nachmittag, sodass Sie die Aussicht vom Monte Pincio in der Dämmerung und den Trevibrunnen im Scheinwerferlicht genießen können.

*Galleria Doria Pamphilj 45

Die Galleria Doria Pamphilj im gleichnamigen Adelspalast mit Ursprung im 15. Jh. zeigt eine herausragende Gemälde- und Skulpturensammlung mit Werken u.a. von Tintoretto, Caravaggio und Breughel d.Ä. Großartig der direkte Vergleich eines Gemäldes von Velázquez und einer Büste von Bernini: beides ***Porträts von Papst Innozenz X. Pamphilj** (www.doriapamphilj.it; tgl. 10–17 Uhr; 10,50 €).

*Sant'Ignazio 46

Wie eine Inszenierung erscheint die Rokoko-Piazza di S. Ignazio, über der sich die Jesuitenkirche Sant'Ignazio (1626–1650) erhebt. Täuschend echt wirken die illusionistische Kuppel und das perspektivische Deckengemälde von Andrea Pozzo (tgl. 7.30–12.15, 15–19.15 Uhr).

Über die Piazza di Pietra mit dem gut erhaltenen Hadriantempel (Sitz der römischen Börse) und dem modernen **Gran Caffè La Caffettiera** mit ausgezeichnetem Kaffee gelangt man zur **Galleria Alberto Sordi** (1924), einer nach einem römischen Volksschauspieler benannten Einkaufsgalerie mit Boutiquen und einer Buchhandlung.

Echt gut

Piazza Colonna 47

Namensgebend für die Piazza Colonna ist die 30 m hohe antike ****Grabsäule des Mark Aurel** (Colonna di Marco Aurelio) mit kunstvollen Reliefs, die Szenen aus den Germanischen und aus den Sarmatischen Kriegen im 2. Jh. n. Chr. zeigen. Die Statue des hl. Paulus krönt das Meisterwerk seit Ende des 16. Jhs.

Die Via del Corso endet an der weiten Piazza del Popolo

Der angrenzende Renaissancebau des **Palazzo Chigi** ist der Sitz des Ministerpräsidenten.

Restaurants

■ **Piccola Roma, Via Uffici del Vicario 36, Tel. 0 66 79 86 06, So geschl.**
Hier stehen typisch römische Gerichte auf der Karte. ●–●●

Echt gut!

■ **Pasticceria Giolitti, Via Uffici del Vicario 40, Tel. 0 66 99 12 43, www.giolitti.it, tgl. 7–2 Uhr.**
Traditionsreiche Eisdiele (seit 1900), die als beste Roms gilt.

*Piazza Montecitorio 48

Auf der Piazza fällt ein ägyptischer ***Obelisk** auf. In der Antike diente er als Zeiger einer gewaltigen Sonnenuhr. Der von Bernini entworfene mächtige ***Palazzo di Montecitorio** ist heute Sitz des Abgeordnetenhauses.

An der Piazza befindet sich außerdem die **deutsche Buchhandlung Herder** (Nr. 120, www.herder.it) mit einer sehr guten Rom-Abteilung.

Echt gut!

Augustus-Denkmäler

In Anlehnung an etruskische Hügelgräber entstand das **Augustus-Mausoleum** 49 (Mausoleo di Augusto, Tel. 06 06 08, zzt. geschl.). Die ***Ara Pacis Augustae** 50, der Friedensaltar des Augustus (ca. 10 v. Chr.; Lungotevere in Augusta), verherrlicht in Marmorreliefs Glanz und Gloria des römischen Kaisers nach den Kriegen in Gallien und Spanien. Der heiß diskutierte moderne Altar-Umbau des amerikanischen Architekten Richard Meier wurde 2006 eingeweiht (www.arapacis.it, Di–So 9–19 Uhr).

Restaurants

■ **Alfredo Imperatore**
Piazza Augusto Imperatore 30
Tel. 0 66 87 87 34
www.alfredo-roma.it
Der Himmel für Nudelfans: Roms erste Adresse für selbst gemachte Pasta. So und Mo mittags geschl. ●●–●●●

■ **Porto di Ripetta**
Via di Ripetta 250, Tel. 0 63 61 23 76
Exquisites Fischrestaurant. So und Mo mittags geschl. ●●–●●●

■ **Buccone**
Via Ripetta 19/20, Tel. 0 63 61 21 54
www.enotecabuccone.com
Hohe Weinregale, freundlicher Service und gute italienische Küche. Fr/Sa mittags und abends, Mo–Do nur mittags, So geschl. ●

Flaniermeile Via del Corso

Der nördliche Abschnitt der schnurgeraden Via del Corso war schon zu Zeiten Julius Cäsars das Herz und die Flaniermeile der umliegenden Viertel. Prozessionen, Demonstrationen, selbst Pferderennen fanden auf dem von prachtvollen Adelspalästen gesäumten »Kurfürstendamm Roms« noch im 19. Jh. statt. Zwischen Piazza del Popolo und Via Tomacelli durchgehend, an Wochenenden bis zur Via di Mercede Fußgängerzone, lädt die Via del Corso auch heute noch zum ausgiebigen Promenieren ein.

– 5 –
Entlang der Via del Corso

- 45 Galleria Doria Pamphilj
- 46 Sant'Ignazio
- 47 Piazza Colonna
- 48 Piazza Montecitorio
- 49 Augustus-Mausoleum
- 50 Ara Pacis Augustae
- 51 Casa di Goethe
- 52 Piazza del Popolo
- 53 Monte Pincio
- 54 Spanische Treppe
- 55 Keats-Shelley-Gedächtnisstätte
- 56 Trevibrunnen

Casa di Goethe 51

Eine kurze Unterbrechung des Schaufensterbummels verdient die **Casa di Goethe.** Im Haus Nr. 18, der Wohnung des Malers Johann Heinrich Wilhelm Tischbein, war Goethe 1786 bis 1788 zu Gast. Neben Schriftstücken, Goethebüsten und -porträts, darunter ein Siebdruck von Andy Warhol, beeindrucken auch die Zeichnungen Goethes und Tischbeins (Tel. 06 32 65 04 12, www.casadigoethe.it; Di–So 10–18 Uhr).

*Piazza del Popolo 52

Der einzige klassizistische Platz Roms bildet seit der Antike den Zugang zur Stadt von Norden her. Seine heutige Gestalt ist das Ergebnis der stadtplanerischen Aktivitäten Papst Leos X., der im 16. Jh. mit Via Ripetta, Via del Corso und Via del Babuino drei strahlenförmig abzweigende Verkehrsachsen in den Häuserdschungel schlagen ließ. Die Schneiseninseln zieren mit den Zwillingskirchen ***Santa Maria di Montesanto** und ***Santa Maria dei Miracoli** zwei Schmuckstücke des Barock. Mit der Aufstellung des **Flaminio-Obelisken** aus dem Zirkus Maximus durch Domenico Fontana 1589 und der beiden Brunnenanlagen wurden Akzente für die Freifläche der Piazza gesetzt, die Valadier in den Umbau (1816–1824) integrierte.

Die Piazza del Popolo bietet mit dem **Caffè Rosati** (Nr. 5 a) und dem **Canova** (Nr. 16) zwei Höhepunkte römischer Kaffeehauskultur.

**Santa Maria del Popolo

Die Hauptkirche des Viertels an der Westseite des Platzes wurde erstmalig 1099 erwähnt, ihre prachtvolle barocke Ausgestaltung erfuhr sie später durch Bernini (Skulpturen »Daniel in der Löwengrube« und »Habakuk mit dem Engel«). Zahlreiche Päpste liegen in der Kirche begraben. Von den Kunstschätzen beeindrucken die ***Cappella Chigi** nach Entwürfen Raffaels, Caravaggios meisterhafte Gemälde »Bekehrung des hl. Paulus« und »Kreuzigung des hl. Petrus« in der ***Cappella Cerasi** sowie Pinturicchios Fresken in der von Bramante geschaffenen **Chorapsis** und der **Rovere-Kapelle.** Aktuelle Kunstausstellungen finden in den ***Sale di Bramante** in der Kirche statt (Mo–Sa 7–12, 16–19, So/Fei 7.30–13.30, 16.30–19.30 Uhr).

*Porta del Popolo

Die der Piazza zugewandte Fassade des Stadttors gestaltete Bernini 1655 zu Ehren der zum Katholizismus konvertierten Christine von Schweden. Die Außenfassade wurde nach Michelangelos Plänen unter Pius IV. (1560 bis 1565) umgestaltet.

**Monte Pincio 53

Über einen Treppenweg bei Santa Maria del Popolo erreicht man die berühmte ****Aussichtsterrasse** auf dem Monte Pincio. Von der Westseite eröffnet sich eine der großartigsten Ansichten Roms: Man blickt auf den Vatikan mit der Peterskirche, rechts liegt das

Die Spanische Treppe

Nobelviertel Monte Mario. Die grandiose Kulisse wird gern für Veranstaltungen genutzt, u.a. im Winter als Eislaufpiste.

Nicht nur die Kleinen unterhält das neapolitanische **Puppentheater San Carlino** auf der Pincio-Terrasse (Tel. 06 69 92 21 17, www.sancarlino.it; Sept.–Juni meist Sa/So). *Echt gut!*

Restaurant

Luxus pur verkörpert das Restaurant **Casina Valadier, Piazza Bucarest, Tel. 06 69 92 20 90.** Ausblick und Essen im eleganten Ambiente sind einmalig. ●●●

Via del Babuino

Die Straße, Roms **erste Adresse für Antiquitäten,** verdient einen kurzen Abstecher. Parallel verläuft die Künstlerstraße Via Margutta, wo u.a. Federico Fellini seine letzten Lebensjahre verbrachte. *Echt gut*

Restaurants

- Im **Il Margutta** trifft sich die römische Prominenz, um in schickem Ambiente vegetarisch und gut zu speisen. **Via Margutta 118 Tel. 06 32 65 05 77, www.ilmargutta.it** ●● *Echt gut*
- Exquisites süßes wie pikantes Gebäck und auch Sandwiches werden im **Caffè Canova Tadolini, Via del Babuino 150 a–b, Tel. 06 36 00 21 90, So geschl,** verkauft. In den benachbarten Räumen blieb das Atelier von Bildhauer Canova und seinem Schüler Tadolini original erhalten. ●

8 **Spanische Treppe 54

Die Treppenanlage (Scalinata della Trinità dei Monti) verdankt ihren Bau (1723–1726, Francesc o de Sanctis) der französischen Nationalkirche ***Santissima Trinità dei Monti** oberhalb, ihren Namen der **Spanischen Botschaft** unterhalb der Treppenanlage.

Römer und Touristen genießen hier Flair und Panorama. Musiker spielen bis spät in die Nacht, Porträtzeichner versuchen, Touristen auf ihre Holzschemel zu locken. Obelisk und Türme der Kirche, die Doppeltreppenanlage und die ***Fontana della Barcaccia** auf der Piazza di Spagna bilden das wohl meistfotografierte städtebauliche Ensemble Roms. Der Barcaccia-

Brunnen von Pietro und Gianlorenzo Bernini (1629), eine meisterhafte Zusammenarbeit von Vater und Sohn, erinnert an das furchtbare Tiberhochwasser des Jahres 1598, bei dem hier ein Tiberlastkahn angespült wurde.

Die ***Keats-Shelley-Gedächtnisstätte** 55 rechts der Treppenanlage besuchen vor allem englischsprachige Touristen. In der Pension »Casina Rossa« wohnte Keats, der das Ideal der Romantik wie kein anderer lebte – und aus Kummer starb, weil seine Angebetete Fanny Browne seine elegische Liebe nicht erwiderte (Tel. 0 66 78 42 35, www.keats-shelley-house.org; Mo–Fr 10–13, 14–18, Sa 11–14, 15–18 Uhr).

Restaurants

Echt gut!

- Beim Besuch des eleganten **Caffè Ciampini** gegenüber der Französischen Akademie Villa Medici genießt man zu Essen, Espresso und Eis die fantastische Aussicht über die Dächer Roms **(Viale Trinità dei Monti, Tel. 0 66 78 56 78, www.caffeciampini.com, abends Restaurantbetrieb, nur März–Mitte Nov., ●●).**
- Zwei Engländerinnen gründeten 1893 **Babington's Tea Room** links der Treppe. In nostalgischem Ambiente kann man unter mehr als 100 Teesorten wählen **(tgl. 9–20.15 Uhr; www.babingtons.net, ●–●●).**

Via Condotti

Zwischen Spanischer Treppe und Via del Corso liegt das Zentrum der Alta Moda um die Via Condotti. Wer im Hinblick auf Textil-, Schmuck-, Schuh- und Lederdesign auf sich hält, geht hier einkaufen – Modefans spähen wenigstens in die Schaufenster.

Café

Echt gut!

Im 1760 eröffneten **Caffè Greco** (Nr. 86, Tel. 0 66 79 17 00, www.anticocaffegreco.eu, ●–●●) saß einst Goethe inkognito als Filippo Miller.

**Trevibrunnen 56

Die Fontana di Trevi ist der populärste Brunnen der Stadt. Nach Plänen Berninis konzipiert, spiegelt er den Siegeszug von Barock und Rokoko wider. Nicolò Salvi verwirklichte 1732–1751 die theatralische Kulissenlandschaft: Die Schauwand stellt einen Triumphbogen dar, vier korinthische Säulen tragen den Fries und die Statuen der vier Tugenden. Tritonen geleiten Neptuns Muschelwagen durch die Landschaft. Stets belagern Besucher den Brunnen, die sich durch den Münzwurf rückwärts über die Schulter die Rückkehr nach Rom sichern wollen.

Der Münzwurf

Nach einem Rechtsstreit um den Besitz der Münzen, die Tausende von Rombesucher täglich im Trevibrunnen hinterlassen, hat sich die Stadtverwaltung als einzige Autorität zur Bergung des Schatzes bestimmt. Einige Tausend Euro werden jede Woche herausgefischt, ein Teil geht an das Rote Kreuz. Ständige Polizeiaufsicht soll nun das bei den Römern beliebte private Fischen verhindern.

Zwischen Monte Pincio und Monte Celio

Nicht verpassen!

- Den feierlichen Wachwechsel vor dem Sitz des italienischen Staatspräsidenten auf dem Quirinal
- Gruseln und Wundern über die feinen Knochenarbeiten in der Kapuzinergruft
- Ein ausgedehntes Picknick im Park der Villa Borghese
- Die Mosaiken in der Kirche Santa Prassede studieren und dabei die andächtige Ruhe genießen

Zur Orientierung

Zwischen dem Monte Pincio im Norden und dem Monte Celio im Süden erheben sich Quirinal und Esquilin. Östlich davon schiebt sich der Hauptbahnhof Stazione Termini in die römische Innenstadt. Ganz in der Nähe, an der Piazza Repubblica, wartet das Museo Nazionale Romano in den Diokletiansthermen und im Palazzo Massimo mit hochkarätigen antiken Kunstwerken auf. Anschließend kann man beim italienischen Staatspräsidenten auf dem Quirinal vorbeischauen.

Nördlich von hier führt die Via Veneto mit ihren prunkvollen Fassaden in die grüne Oase Roms, die Villa Borghese, ein beliebtes Familien-Ausflugsziel mit zahlreichen bedeutenden Museen.

Ganz im Zeichen der frühchristlichen Kirchen steht die Tour über den Esquilin, einen der schon früh besiedelten sieben klassischen Hügel Roms östlich vom Palatin. Das Multi-Kulti-Treiben um die Piazza Vittorio Emanuele II schafft einen angenehmen Kontrast zur Stille der Gotteshäuser.

Die Kirchentour schlechthin führt weiter südlich vom Colle Oppio auf den Celio, dazwischen ermöglichen aber die Domus Aurea oder das Mithras-Heiligtum unter San Clemente immer wieder interessante Blicke in die Antike. Besonderer Anziehungspunkt ist der Lateran, der wie der Vatikan aus mehreren Gebäuden besteht, darunter die Lateranbasilika, Roms bedeutendste Kirche und Bischofskirche der Päpste, die hier immerhin vom 4. Jh. bis 1309 residierten.

»La Dolce Vita« kann ziemlich teuer werden in den Bars und Restaurants an der Via Veneto. Eher für einen Snack geeignet sind die Museumscafés im Palazzo de Belli Arti und der Galleria Borghese. Bei großem Appetit empfehlen sich die bodenständigen Trattorien in der Gegend des Lateran.

!! Viele Kirchen bleiben in der Mittagszeit, die meisten Museen Mo geschl. Sie müssen Tickets vorab reservieren für: Galleria Borghese (4–5 Tage, › S. 97).

Die Treppen von der Piazza del Popolo auf den Monte Pincio

Najadenbrunnen an der Piazza della Repubblica

Touren zwischen Pincio und Celio

Rund um den Quirinal

– 6 – *Piazza della Republica › **Museo Nazionale Romano › *Piazza del Quirinale

Dauer: 3 Stunden, mit Museumsbesuchen länger
Praktische Hinweise:
Die Piazza della Repubblica erreicht man per Metro A, die Piazza del Quirinale per Bus Nr. 60, 64, 70, 175. Der Palazzo del Quirinale ist nur So vormittags offen (8.30–12 Uhr), das Museo Nazionale Romano (Diokletiansthermen/Palazzo Massimo) Mo geschl.

*Piazza della Repubblica 1

Das Kreisrund der Piazza mit ihrer neoklassizistischen Architektur beschreibt exakt die gewaltigen Ausmaße der Exedra der antiken ***Thermen des Diokletian** (305 n. Chr.). Noch heute wird diese Freifläche unter Römern Piazza dell'Esedra genannt. Ursprünglich bedeckten die Thermen sogar ein Areal bis hin zur Kirche ***San Bernardo** (Ecke Via Torino/Piazza di San Bernardo); weitläufige Stadtgärten schlossen sich an. Auf der Piazza plätschert seit 1885 die hübsche ***Fontana delle Naiadi** (Abb. › S. 93).

**Santa Maria degli Angeli 2

Die Thermenanlage wurde als Steinbruch im Mittelalter weitgehend zerstört. Die im Abschnitt des antiken Tepidariums (Halle für lauwarme Bäder) am besten erhaltenen Gewölbe bezog der betagte Michelangelo in den Entwurf für die Kirche Santa Maria degli Angeli ein. Nachdem Papst Pius IV. den Kartäusermönchen 1561 das Gebäude übertragen hatte, bauten sie hier ein Kloster. Innen beeindrucken die ***Statue des Ordensgründers Bruno von Köln** (1030–1101) und der 1702 in den Fußboden des 91 m langen Querschiffs eingelassene Messingstreifen der ***Linea Clementina.** Sie zeigt Roms Meridian an.

**Museo Nazionale Romano

Das **Thermenmuseum** 3, seit 1889 in den Diokletiansthermen untergebracht, präsentiert hauptsächlich antike Inschriften (Via E. de Nicola 79, Di–So 9–19.45 Uhr). Zum Thermenmuseum gehört auch die von der Via Romita aus zugängliche **Aula Ottagona**, das antike Frigidarium. Unter dem weiten Kuppelrund vermitteln Marmor- und Bronzeskulpturen einen Eindruck von der prächtigen Ausstattung römischer Bäder.

Der ****Palazzo Massimo** 4 schräg gegenüber zeigt eine herausragende Kollektion griechischer und römischer Skulpturen sowie im Keller die Münzschätze Italiens. Im zweiten Stock bestaunt man fantastische Sammlungen römischer Fresken und Mosaiken (Zugang Largo Villa Peretti, Di–So 9–19.45 Uhr; Kasse schließt um 18.45 Uhr).

! Thermenmuseum, Palazzo Massimo, Palazzo Altemps › S. 80 und Crypta Balbi › S. 84 bilden zusammen das **Museo Nazionale Romano.** Alle Zweigstellen sind mit einem drei Tage gültigen Sammelticket zu besichtigen, 7 € (Tel. 06 39 96 77 00, http://archeo roma.beniculturali.it; 7 €, bei Sonderausstellungen 10 €).

*S. Maria della Vittoria 5

Die Anfang des 17. Jhs. von Carlo Maderno errichtete Kirche Santa Maria della Vittoria besticht durch Berninis ***Verzückung der hl. Theresa von Avila** in der Cappella Cornaro.

Auf dem Quirinalshügel

An der Kreuzung Via XX Settembre und Via delle Quattro Fontane ermöglicht die barocke Straßenplanung bis heute den einzigartigen Blick auf gleich drei Obelisken. Die Ecken der Kreuzung schmücken vier Brunnen.

*San Carlo alle Quattro Fontane 6 und *Sant' Andrea al Quirinale 7

Links taucht **San Carlo alle Quattro Fontane** mit ovaler Kuppel und Doppellaterne auf. Das Meisterwerk Borrominis, dem eine Passion für Wellenlinien nachgesagt wird, kommt ohne rechten Winkel aus. 1667 wurde die Kirche nach 30-jähriger Bauzeit fertiggestellt (tgl. 10–13, 15 bis 18, Sa 10–13, So 12–13 Uhr).

Wenige Schritte entfernt hatte 1658 Borrominis Widersacher Bernini begonnen, ihm Paroli zu bieten. Borromini erwies sich zwar als der genialere Baumeister, doch blieb er ewiger Zweiter, da Bernini für die Realisierung von **Sant'Andrea al Quirinale** üppige Zuwendungen des Jesuitenordens erhielt. Bemerkenswert ist der ovale Grundriss der beliebten Hochzeitskirche, der sich in der halbkreisförmigen Freitreppe wiederholt (tgl. 9–12, 16–19 Uhr).

*Piazza del Quirinale

Mit 61 m ist der Quirinal der höchste der sieben Hügel Roms. Der Blick reicht über die Dächer der Ewigen Stadt bis zum Petersdom. Um 15.15 Uhr (So 15.30 Uhr, im Sommer 18 Uhr) findet vor dem prächtigen **Palazzo del Quirinale** 8, dem Sitz des Staatspräsidenten, mit der Wachablösung der Ehrengarde eine militärische Inszenierung statt. Fontana, Bernini, Maderno und andere waren an der Gestaltung des Spätrenaissance-Palazzo beteiligt. 1574 als Sommerresidenz der Päpste konzipiert, diente der Palast ab 1870 den italienischen Königen. Innen locken die Mosaiken aus der Villa Adriana und der Spiegelsaal (So 8.30–12 Uhr).

Vis-á-vis, in den einstigen Pferdestallungen **Scuderie** 9, finden

Echt gut! immer wieder **sehenswerte Ausstellungen zu unterschiedlichen Themen** statt (So–Do 10–20, Fr/Sa 10–22.30 Uhr, www.scuderiequirinale.it, Tel. 06 39 96 75 00).

Ein lohnender kulinarischer Abstecher führt hügelabwärts über die Via della Dataria in den Vicolo Scanderbeg zum kuriosen **Museo delle Paste Alimentari,** das umfassend über das italienische Nationalgericht informiert (Vicolo Scanderbeg 117, zzt. wg. Renovierung geschl.).

Restaurant

Echt gut **Köstliches Gelato** können Sie gleich um die Ecke bei **San Crispino** genießen **(Via della Panetteria 42, Tel. 0 66 79 39 24, tgl. 12–0.30 Uhr).**

– 6 –
Rund um den Quirinal

1 Piazza Repubblica
2 S. Maria degli Angeli
3 Thermenmuseum
4 Palazzo Massimo
5 S. Maria della Vittoria
6 San Carlo alle Quattro Fontane
7 Sant'Andrea al Quirinale
8 Palazzo del Quirinale
9 Scuderie

In der Villa Borghese

– 7 – Piazza Barberini › **Villa Borghese › **Galleria Nazionale d'Arte Moderna › ***Etruskisches Nationalmuseum

Dauer: 4–5 Stunden
Praktische Hinweise:
Die Piazza Barberini ist an das Metronetz (Linie A), das Etruskische Nationalmuseum in der Villa Giulia an das Straßenbahnnetz (19, Endstation der Linie 3) angeschlossen. Die Museen sind Mo geschl. Tickets für die Galleria Borghese müssen 4–5 Tage vorab reserviert werden, Tel. 0 63 28 10, www.galleriaborghese.it.

Piazza Barberini 10

Als glänzendes Beispiel für den römischen Hochbarock entstand der **Palazzo Barberini** 1625–1633 nach Plänen Madernos unter der Mitwirkung von Borromini (ungewöhnliche ovale Wendeltreppe) und Bernini (Fassade).

Heute beherbergt er einen Teil der ***Galleria Nazionale dell'Arte Antica** mit Werken bekannter Künstler, u.a. Raffael (Porträt seiner geliebten Bäckerstochter, »La Fornarina«), Hans Holbein, Filippo Lippi, Caravaggio und Pietro da Cortona (Zugang am schönsten über die Via delle Quattro Fontane 13, Tel. 0 63 28 10, www.galleriaborghese.it; Di–So 8.30 bis 19, Kasse schließt um 18 Uhr).

In der Mitte der Piazza erhebt sich Berninis ***Tritonenbrunnen** (1632–1637), dessen Triton aus einer Muschel einen Wasserstrahl emporbläst. Der ***Bienenbrunnen** (Bernini, 1644) an der Einmündung zur Via Veneto erinnert an Papst Urban VIII., der hier die Biene, das Familienwappen der Barberini, verewigen ließ.

Nichts für Empfindliche ist die ***Kapuzinergruft** (Museo dei Cappuccini) neben der Kirche Santa Maria della Concezione: Sie birgt Gebeine von mehr als 4000 Mönchen. Sogar die Rosetten an den Wänden sind aus Knöchelchen geformt (Via Veneto 27, Fr bis Mi 9–12, 15–18 Uhr, Spende).

*Via Vittorio Veneto

Auf der Via Veneto flaniert man nach einer umfassenden Sanierung heute wieder unter Platanen und Palmen, vorbei an Designerläden, Banken, Luxusherbergen und -restaurants.

Restaurants

Das rotgoldene Interieur des Café de Paris, Drehort von »La Dolce Vita« (**Nr. 90, www.cafedeparisroma.eu, ●●●**), oder die elegante Harry's Bar (**Nr. 150, www.harrysbar.it; So geschl., ●●●**) laden zur Einkehr.

**Villa Borghese

Durch die Porta Pinciana in der Aurelianischen Stadtmauer betritt man die große grüne Oase. Museen versprechen großartige Kunsterlebnisse, und Bootsfahrten, Ponyreiten und Fahrradverleih an der Piazza di Siena sorgen für Abwechslung. Erst 1901 ging die schönste Grünfläche Roms vom Königshaus in den Besitz der Stadt über. Kardinal Scipione Borghese hatte aber bereits Anfang des 17. Jhs. »wohlgekleideten« Stadtbewohnern den Zugang zu seinem Privatbesitz erlaubt. Park und Museen werden im Zuge der Umgestaltung zum Parco dei Musei sukzessive restauriert.

***Galleria Borghese 11

Obgleich die Adelsfamilie Borghese etliche ihrer Kunstwerke an Napoleon verkaufte, ist das Museum noch immer eine der bedeutendsten Privatsammlungen Italiens. Schwerpunkt im Erdgeschoss sind Barockskulpturen Berninis. Einige Bilder Caravaggios geben einen Vorgeschmack auf die berühmte **Pina-**

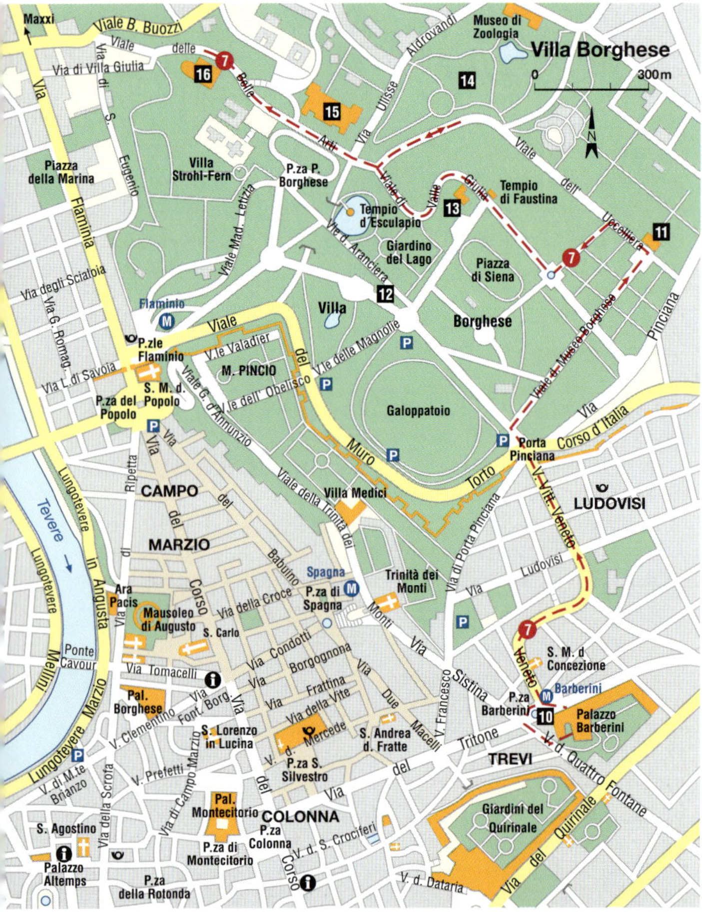

kothek im ersten Stock. Raffaels ***Grablegung Christi und ***Männerbildnis gehören ebenso zu den Höhepunkten wie Werke Caravaggios, Rubens' Version der Grablegung und Tizians ***Himmlische und irdische Liebe. Canovas **Liegende Venus zeigt Paolina Borghese, Schwester Napoleons und unglückliche Gattin Camillo Borgheses, deren Eskapaden das aristokratische Rom in Atem hielten (Di–So 8.30 bis 19.30, Einlass bis 17.30 Uhr, Tickets › S. 97, 8,50 €; bei Sonderausstellungen erhöhter Eintritt).

Museo Carlo Bilotti 12 und *Museo Canonica 13

In der ehemaligen Orangerie überrascht das **Museo Carlo Bilotti** mit **hochkarätigen De-Chirico-Gemälden,** die der amerikanische Sammler Bilotti der Stadt vermachte (Viale Fiorello La Guardia, www.museocarlobilotti.it, Di–So 9–19 Uhr).

Das **Museo Canonica** zeigt eine Werkschau des Bildhauers Pietro Canonica (1869–1959) und Wechselausstellungen (Viale Pietro Canonica 2, www.museocanonica.it; Di–So 9–19 Uhr).

– 7 –
In der Villa Borghese

- 10 Piazza Barberini
- 11 Galleria Borghese
- 12 Museo Carlo Bilotti
- 13 Museo Canonica
- 14 Zoologischer Garten
- 15 Galleria Nazionale d'Arte Moderna
- 16 Villa Giulia/Etruskisches Nationalmuseum

Im Park der Villa Borghese

Zoologischer Garten 14

Besonders mit Kindern lohnt ein Besuch des sog. **Bioparco** am Nordrand des Parks (Tel. 0 63 60 82 11, www.bioparco.it; April–Mitte Okt. 9.30–18, sonst bis 17 Uhr). Bei schlechtem Wetter locken die **Casina di Raffaello**, ein Spiel- und Literaturhaus für Kinder zwischen 3 und 10 Jahren (Piazza di Siena, Reserv. obligatorisch, Tel. 06 06 08, www.casinadiraffaelo.it; Di–Fr 9–18, Sa/So 10–19 Uhr), oder das **Museum für Zoologie** mit Sauriersskeletten (Via Ulisse Aldovrandi 18, Di–So 9–17 Uhr).

**Galleria Nazionale d'Arte Moderna 15

Von der protzigen Fassade des Palazzo delle Belle Arti (1911) sollte man sich nicht abschrecken lassen. Die Nationalgalerie für moderne Kunst zeigt Werke italienischer Künstler aus dem 19./20. Jh. und gilt vor allem wegen ihrer ***Futuristensammlung** und der Vollständigkeit der Kollektion als Topadresse. Im Museumscafé und -restaurant **Caffè delle Arti** kann man beim Espresso Mosaiken des italienischen Pavillons der Weltausstellung 1900 in Paris bewundern (●–●●). Die ausgezeichnet sortierte **Buchhandlung** der Galleria bietet auch geschmackvolle Kunstartikel. (Via Belle Arti 131, Tel. 06 32 29 82 21, www.gnam.beniculturali.it; Di bis So 8.30–19.30 Uhr, 8 €)

Als architektonisches Glanzlicht gilt der spektakuläre Neubau des **Museo Nazionale delle Arti del XXI Secolo** (Maxxi) von Zaha Hadid nördlich des Zentrums. Das im Frühling 2010 eröffnete Haus bietet viel Platz für zeitgenössische Kunst und Architektur. (Via Guido Reni 4a, Di bis Fr, So 11–19, Sa 11–22 Uhr, www.fondazionemaxxi.it, Buslinien 53, 217).

9 ***Etruskisches Nationalmuseum

Das Etruskische Nationalmuseum in der ****Villa Giulia** 16 liegt an der Nordwestecke des Parks der Villa Borghese. Die als päpstliche Sommerresidenz 1550 bis 1555 erbaute Villa dokumentiert die Rückgewinnung des weltlichen Herrschaftsanspruchs des Papsttums. Zu den Architekten zählten Vasari, Vignola und Bartolomeo Ammannati.

Die Museumstrakte wurden mit Millionenaufwand restauriert. Unter den vielen großartigen Exponaten der weltweit bedeutendsten Sammlung etruskischer Kunst ragen der ****Sarkophag eines liegenden Ehepaares** (Saal 8), der ****Apoll von Veji** (Saal 6), die ***Goldreliefs aus Pyrgi** mit Inschrift, die so genannte ****Ficoronische Ciste,** eine Art antikes Beautycase, und ein kompletter ***etruskischer Kampfwagen** heraus.

Anrührendes etruskisches Kunstwerk: der Sarkophag eines Ehepaares

Unbedingt sehenswert ist auch die **Sammlung Castellani** mit ausgesuchten griechischen Vasen und Schmuck. Im Garten steht die Replik eines etruskischen Tempels (Piazza di Villa Giulia 9, Tel. 0 63 22 65 71; Di–So 8.30–19.30, Kasse bis 18.30 Uhr).

Stille Kirchen, lebendiger Esquilin

– 8 – ***S. Maria Maggiore › **S. Prassede › *Piazza Vittorio Emanuele II › *S. Croce in Gerusalemme › **S. Lorenzo fuori le Mura

Dauer: 4–5 Stunden
Praktische Hinweise:
Santa Maria Maggiore erreicht man mit den Straßenbahnen 5 und 14, die Ⓜ Station Termini (A und B) ist nur knapp 300 m entfernt. San Lorenzo fuori le Mura liegt an den Straßenbahnlinien 3 und 19. Eine kleine Stadtrundfahrt ermöglicht die Straßenbahnlinie 3 (ab Porta Maggiore). Sie führt vorbei am Kolosseum, an den Kirchen San Giovanni in Laterano, Santa Croce in Gerusalemme, San Lorenzo fuori le Mura und weiter durch das Parioli-Stadtviertel zur Galleria Nazionale d'Arte Moderna. Die Fahrt kann innerhalb der Geltungsdauer des Fahrscheins (75 Minuten) unterbrochen werden.

10 ***Santa Maria Maggiore 17

Die Kuppeln der populärsten der vier römischen Patriarchalkirchen sind weithin sichtbar. Der 1377 errichtete Glockenturm gilt als höchster der Stadt.

Die **Mariensäule** auf dem Platz vor der Kirche besteht aus der letzten erhaltenen Säule der antiken Maxentiusbasilika. Besucher sollten der steinernen Mahnung »Silentium« über dem Portal Beachtung schenken: Die Stille im Gotteshaus macht einen Gutteil der einzigartigen Atmosphäre aus.

Die Gründung von S. M. Maggiore geht, so sagt es die Legende, auf das Schneewunder zurück. In der Nacht auf den 5. August 352 erschien die Gottesmutter Maria im Traum Papst Liberius und einem christlichen Patrizier. Ihnen wurde geheißen, an der Stelle, an der am Morgen Schnee läge, eine Kirche zu errichten (› S. 53).

Während die Außenfassaden vom 16. bis 18. Jh. einschneidende Veränderungen erfuhren, beeindrucken im Innern die authentischen Apsis- und die 36 über dem Architrav angebrachten **Originalmosaiken** aus dem 5. Jh. Die **Kassettendecke** ist Papst Alexander VI. Borgia (1492–1503) zu verdanken. Er ließ sie mit dem ersten Gold, das aus der Neuen Welt gekommen war, überziehen.

Das Zentrum römischer Volksfrömmigkeit bilden die in der Confessio aufbewahrten Teile der Krippe Jesu. Um Weihnachten ist der Besuch der Kirche für römische Familien ein Muss.

Die prachtvolle Capella Paolina von Santa Maria Maggiore

Das **Apsismosaik** aus dem späten 13. Jh. zeigt Stationen im Leben Marias. Auf einem Thron sitzend, wird sie von Jesus zur Königin des Himmels gekrönt.

Sehenswert ist auch die ***Cappella Sistina** im rechten Querarm mit dem Grabmal von Papst Sixtus V., einer Arbeit von Domenico Fontana. Im linken Seitenarm wurde 1611 mit der ***Cappella Paolina** der Gegenpart für Papst Paul V. realisiert. Große Verehrung genießt das Gnadenbild »Maria Salus Populi Romani« (»Maria, Heil des Römischen Volkes«), im 13. Jh. im orientalisierenden Stil entstanden. Die **Capella Sforziana** entwarf Michelangelo (tgl. 7–19 Uhr).

Restaurant

Trattoria Monti

Via di San Vito 13 a; Tel. 06 44 66 5 73
So Abend und Mo geschl.

Alteingesessener Familienbetrieb; die Spezialitäten verraten die Herkunft der Besitzer aus den Marken. ●●–●●●

*Santa Pudenziana 18 und **Santa Prassede 19

Oft übersehen, verdienen die den Senatorentöchtern Pudentiana und Praxedis geweihten Schwesterkirchen vor allem wegen ihres Mosaikschmuckes Beachtung. Die Kleinodien der römisch-byzantinischen Kirchenbaukunst gehen bis auf das 4. Jh. zurück.

Während **Santa Pudenziana** (Via Urbana 160; 8.30–12, 15–18 Uhr) auf den Gemäuern des Palastes von jenem Senator Pudens steht, der den Apostel Paulus beherbergt haben soll (die Apsismosaiken aus dem 4. Jh. gehören zu den ältesten Roms), besitzt **Santa Prassede** (Via Prassede; 7.30–12, 16–18.30 Uhr) mit der ****Cappel-**

la San Zenone den römischen Höhepunkt byzantinischer Mosaikkunst. In der als »Paradiesgärtlein« bekannten Kapelle wird seit dem Kreuzzug von 1222/23 die Flagellantensäule als Reliquie aufbewahrt. Der Legende nach diente dieser Säulenstumpf als Ort der Geißelung Christi. Die Mosaikarbeiten in der für seine Mutter Theodora konzipierten Grabkapelle gab Papst Paschalis I. 822 in Auftrag. Theodora ist auf den Mosaiken neben Pudenziana und Praxedis leicht zu identifizieren: Sie trägt einen quadratischen blauen Heiligenschein, mit dem lebende Personen gekennzeichnet wurden. Der kreisrunde goldglänzende Nimbus war verstorbenen Märtyrern und Heiligen vorbehalten. So ist diese »Quadratur des Kreises« ein Sinnbild der Verehrung des Papstes für seine Mutter, da er sie gern noch zu Lebzeiten heiliggesprochen hätte.

*Piazza Vittorio Emanuele II 20

Nach der Ruhe der Kirchen bietet das quirlige Alltagstreiben in dem von Gründerzeitarchitektur geprägten Stadtviertel um die Piazza Vittorio Emanuele II einen angenehmen Kontrast. Zwischen fliegenden Händlern, chinesischen Bekleidungsgeschäften und orientalischen Fast-Food-Läden tobt das Leben. Nach umfangreicher Restaurierung dient der zentrale Park Schulkindern und Touristen, Rentnern und Hausfrauen zum Ausruhen oder Schlendern. In einer Ecke steht noch immer die »Porta Magica« mit ihrer rätselhaften lateinischen Inschrift, die man lange Zeit für eine geheime Formel zum Goldmachen hielt.

Im **Caffè Ciamei** kann man Kaffee aus eigener Produktion genießen oder eine selbst kreierte Mischung frisch gerösteten Espressos erstehen (Ecke Via Petrarca/Via E. Filiberto, So geschl.). Auf dem multikulturellen ***Markt in der ehemaligen Kaserne Pepe** findet man Lebensmittel, Lederwaren und Kleidung (Via Turati/Via Principe Amedeo, Mo/Mi/Do 5–15, Di/Fr 5–17 Uhr).

Echt gut!

*Santa Croce in Gerusalemme 21

Die Titularkirche wurde bereits im 4. Jh. von Kaiser Konstantin für die Kreuzesreliquien erbaut,

Echt gut!

Paradiesische Gärten

- Lassen Sie sich durch die **Vatikanischen Gärten** führen – sonst darf nur der Papst zwischen den großartigen Pavillons, Brunnen und Denkmälern herumspazieren. › S. 65
- Lustwandeln auf antiken Ruinen: Bereits im 16. Jh. wurden die **Farnesischen Gärten** auf dem Palatin angelegt. › S. 75
- Das idyllischste Plätzchen der Villa Borghese: der **Giardiono di Lago** mit dem zierlichen Äskulaptempel.
- Die verwunschenen Winkel der **Villa Celimontana** bezaubern Romantiker aus aller Welt. › S. 112
- Betörender Duft liegt über den edlen Rosen im **Roseto**. › S. 115

Via Barberini
Pal. Barberini
S. Bernardo
Via XX. Sett.
Via Cernaia
S. Maria degli Angeli
Terme di Diocleziano
Via Volturno
Via Solferino
P.za Indipendenza
P.za d. Repubblica
Repubblica
Via Marghera
P.za dei Cinquecento
Termini
Stazione Termini
V. Castro Pretorio
Viale
V. delle Quattro Fontane
Nazionale
Viminale
Cavour
Via Torino
Via Balbo
Pal.d. Esposizioni
Via A. Depretis
Via D. Manin
Via Principe
Marsala
P.za dell' Esquilino
Via Cesare
Via Urbana
Via Milano
Via S. Maria Maggiore
Via Panisperna
Via Paolina
Via Filippo
Via Napoleone III
Giovanni
Via C. Alberto
Via Storza
Via dei Serpenti
Via T. Mamiani
Amedeo
Cavour
Via Giov. Lanza
Via Statuto
Piazza V. Emanuele II
Vittorio Emanuele II
Via Cavour
Oppio
V. Leopardi
V. Conte
Parco del Monte Traiano
Via degli Annibaldi
Viale
MONTE ESQUILINO
Colle Oppio
V. Terme
Via Mecenate
Via A. Poliziano
Via N. Machiavelli
P.za Dante
Via Emanuele
Via Galileo Galilei
Colosseo
Viale Domus Aurea
Via Labicana
Via Merulana
Viale
Filiberto
Manzoni
P.za del Colosseo
Arco di Costantino
Via Celio Vibenna
Via di S. Giovanni in Laterano
Via Capo d'Africa
SS. Marcellino e Pietro
Tempio di Claudio
Via Claudia
V. d. Querceti
V. d. SS. Quattro Coronati
Ospedale del Celio
Via di S. Stefano Rotondo
P.za S. Giovanni in Laterano
Sanatorio Umberto I.
Clivo di Scauro
P.za S. Gregorio
P.za della Navicella
Via di Villa Fonseca
MONTE CELIO
Villa Celimontana
V. d. Navicella
Via dell'Amba Aradam
8
9
17
18
19
20
23
24
25
26
27
28
29
30
31
32
33
34
35

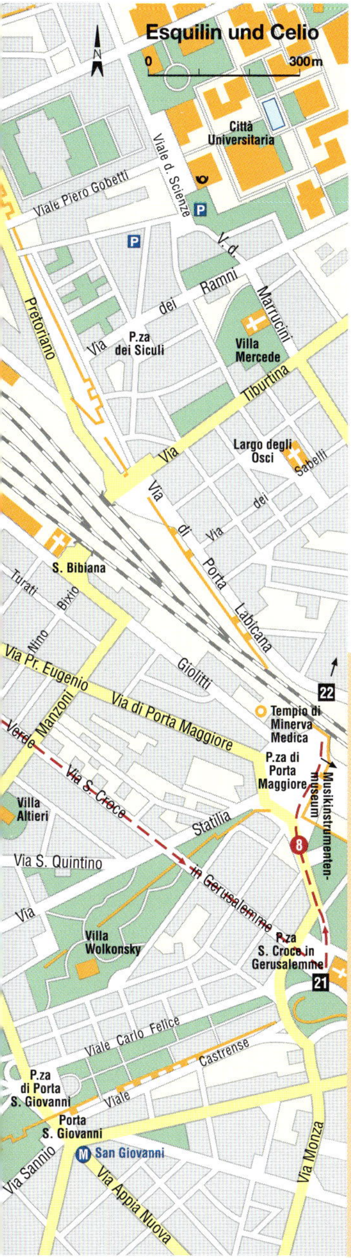

die seine Mutter, die hl. Helena, mit nach Rom gebracht hatte. Leider wurde der Sakralbau Mitte des 18. Jhs. stark verändert und empfängt heute mit einer ausschweifenden Barockfassade. Die Reliquien werden in einer Kapelle im linken Seitenschiff verwahrt (www.santacroceroma.it; tgl. 7 bis 12.45, 15.30–19.30 Uhr).

Das ***Musikinstrumentenmuseum** an der Piazza S. Croce in Gerusalemme ist auch für Kinder reizvoll (Nr. 9 a, Di–So 8.30 bis 19.30 Uhr).

**San Lorenzo fuori le Mura 22

Im 4. Jh. von Kaiser Konstantin gestiftet, wurde die Basilika »vor den Mauern« im 13. Jh. um das heutige Langhaus erweitert (Piaz-

– 8 –

Stille Kirchen, lebendiger Esquilin

17 Santa Maria Maggiore
18 Santa Pudenziana
19 Santa Prassede
20 Piazza Vittorio Emanuele II
21 Santa Croce in Gerusalemme
22 San Lorenzo fuori le Mura

– 9 –

Vom Colle Oppio auf den Celio

23 San Pietro in Vincoli
24 Domus Aurea
25 San Clemente
26 SS. Quattro Coronati
27 Scala Santa
28 Triclinium Leonianum
29 San Giovanni in Laterano
30 Lateranpalast
31 Baptisterium S. Giovanni in Fonte
32 Santo Stefano Rotondo
33 Santa Maria in Domnica
34 SS. Giovanni e Paolo
35 San Gregorio Magno

za del Verano; Sommer tgl. 7.30 bis 12.30, 16–20, Winter tgl. 7.30 bis 12.30, 15.30–19 Uhr). Christus erscheint auf dem Triumphbogenmosaik (6. Jh.) als Weltenherrscher. Eindrucksvoll ist der Kreuzgang des 12. Jhs. An die Kirche, eine der sieben römischen Pilgerkirchen, grenzt der große Friedhof **Campo Verano,** auf dem neben der Literaturnobelpreisträgerin Grazia Deledda auch der Schauspieler Marcello Mastroianni bestattet liegt (April–Sept. tgl. 7.30–18, sonst 7.30–17 Uhr).

Echt gut!

Anschließend lohnt ein Bummel durch das **Studentenviertel San Lorenzo** mit etlichen Bars.

Restaurant

VinOsteria, Via dei Sabelli 47, Tel. 06 49 40 7 26, tgl. abends. Für Liebhaber sizilianischer Küche: beste *caponata* (süßsaures Gemüsegericht), *cannoli* (Teigrolle mit Ricottafüllung) und *cassata* (Schichttorte) – dazu hervorragende Weine. ●–●●

Vom Colle Oppio auf den Celio

– 9 – **San Pietro in Vincoli › Colle Oppio › **San Clemente › **San Giovanni in Laterano › **Santo Stefano Rotondo › *Villa Celimontana › *San Gregorio Magno

Dauer: 4–5 Stunden
Praktische Hinweise: Anfangs- und Endpunkt der Tour lassen sich mit Metro B M Cavour bzw. M Circo Massimo erreichen. Die Domus Aurea ist bis auf Weiteres geschlossen!

**San Pietro in Vincoli 23

Den Namen »St. Peter in Ketten« verdankt die Kirche den Ketten in der Confessio, die an die zweifache Einkerkerung des Apostels Petrus (in Rom und Jerusalem) erinnern. Kunsthistorischer Höhepunkt ist Michelangelos ****Moses.** Die Statue war als Mittelpunkt für das Grabmal Julius' II. gedacht. Michelangelo, der die Querelen um das Entstehen dieses alle Dimensionen sprengenden Grabmals für Julius als »Tragödie seines Lebens« bezeichnete, soll höchstselbst für die Schramme auf dem rechten Knie der Statue verantwortlich sein: Es heißt, in einem Wutanfall habe der Künstler das fast fertige Werk mit den Worten »Warum redest Du nicht?« angeschrien und mit dem Hammer traktiert. In der Sakristei begeistert Domenichinos ****Befreiung Sankt Peters.**

Colle Oppio

Auf dem Colle Oppio ließ Kaiser Nero seine wegen der vergoldeten Säulen ****Domus Aurea** 24 genannte Palaststadt errichten. Um sich den einstigen Prunk, die Säle, die marmorverkleideten Wände und den Skulpturenschmuck vorzustellen, muss man viel Fantasie mitbringen. Trajan ließ den Bau 104 n. Chr. schleifen, um Platz für die Thermen zu schaffen, die dann über dem Goldenen Haus errichtet wurden. Raffael und Michelangelo sollen bei den Ausgrabungen zugegen gewesen sein, bei denen u.a. die Laokoon-Gruppe geborgen wurde (› S. 63).

In den unterirdischen Gängen der Thermen, den sogenannten ***Grotte,** fand Raffael zahllose antike Malereien, die ihn zur Etablierung einer Maltechnik in der Manier der »Grotesken« anregten. Einige Räume mit besonders wertvollen Malereien werden bei Führungen gezeigt. Eine Besichtigung ist aber zurzeit wegen Restaurierungsarbeiten nicht möglich (Eingang: Viale della Domus Aurea 1).

11 **San Clemente 25

San Clemente bietet auf engstem Raum eine Zeitreise zurück ins 1. Jh. n. Chr. Zuunterst liegt das Mithras-Heiligtum der Antike, darüber baute man 385 eine Basilika, die 1084 beim Normannensturm zerstört wurde; auf ihre Ruinen setzte man im 12. Jh. die heutige Kirche.

Der Moses in San Pietro in Vincoli

Im Hauptschiff der Oberkirche greift das grandiose ***Apsismosaik** aus der ersten Hälfte des 12. Jhs. das Thema des Lebensbaums auf (spiralförmig abzweigende Ranken und Blattwerk). Der Bischofsstuhl, von dem aus der Titularherr der Kirche einst ex cathedra die Bibel auslegte, stammt wie der Hochaltar (Ziborium) und die ***Schola Cantorum**

Frühe Graffiti

Raffael war kein Einzeltäter in Sachen Mal- und Graffitikunst. Mauern und Fassaden römischer Wohnhäuser waren oft über und über mit Sprüchen verziert. »Verfasser von Werbetexten und Denunziationen, Schmähungen, Liebesschwüren, Streitereien und wortgewaltigen politischen Forderungen«, so der Bielefelder Kultursemiotiker Anselm Stedlich, »fanden noch stets ein freies Mauerfleckchen.« Zwar lamentierten die alten Römer über die lästige »Kratz- und Ritzgesellschaft«: *Sunt pueri pueri, pueri puerilia tractant* (»Kinder sind Kinder, Kinder treiben Kindereien«). Man darf jedoch nicht vergessen, dass Millionen von Rom-Reisenden keine andere Möglichkeit hatten, Mitteilungen zu hinterlassen: Manche Nachrichten galten Angehörigen und Geschäftsfreunden, die oft erst Monate später in Rom eintreffen sollten.

aus dem 12. Jh. (Teile aus der Mitte des 6. Jhs.). Auch San Clemente besitzt elegante Fußbodenmosaiken der Cosmaten (› S. 110). Das Kirchendach datiert ins 18. Jh.

Von den Seitenkapellen sind die Rosenkranzkapelle, die Kapelle des hl. Cyrill und die ***Katharinenkapelle** beachtenswert. Die **Fresken werden Masolino da Panicale (1383–1440), dem Genie der Frührenaissance, zugeschrieben. Sie zeigen u.a. den rhetorischen Wettstreit über den christlichen Glauben zwischen der hl. Katharina und 50 heidnischen Philosophen.

Hinter dem rechten Seitenschiff steigt man zu den Resten der tiefer gelegenen Basilika aus dem 4. Jh. hinunter. Am Eingang zur Unterkirche von San Clemente steht eine Gipskopie des **Mithrasaltars** aus dem sich anschließenden Mithräum. Er zeigt Mithras, den aus dem Fels geborenen Sohn Apolls, bei der Tötung des Stiers.

Eine weitere Treppe führt hinab in den ältesten Teil des Komplexes, das ***Mithrasheiligtum** (s. Exkurs). Es wurde im 19. Jh. zusammen mit weiteren antiken öffentlichen Bauten und zahllosen *Insulae* (mehrstöckige Mietshäuser) aus der Zeit Neros sowie dem Wohnhaus des Kirchennamenspatrons Clemente ausgegraben. (www.basilicasanclemente.com, Mo–Sa 9–12.30, 15–18, So/Fei 12 bis 18 Uhr; Fotografierverbot)

In den Sommermonaten gibt es **klassische Konzerte im *Kreuzgang von San Clemente.** Echt gut

*SS. Quattro Coronati 26

Von Interesse sind der ***Kreuzgang** und das ***Oratorio di San Silvestro** (Klosterhof; Eingang im Kircheninneren an der Südfront) des Kirchenbaus aus dem 4. Jh./12. Jh. Die Fresken im Oratorium erinnern an Kaiser Konstantin und Papst Silvester I., der den erkrankten Potentaten geheilt haben soll. Als Dank, so die Legende, vermachte Konstantin dem Papst die Tiara, das Herrschaftszeichen über Rom und das Weströmische Reich. Roms Päpste leiteten daraus ihr Nachfolgerecht auf die Kaiserkrönung ab; ein Streit, der zum Gang nach Canossa führte, Kriege heraufbeschwor und erst 1870 mit der Auflösung des Kirchenstaats beigelegt wurde.

Mithraskult

Der aus Persien stammende Mithraskult breitete sich fast zeitgleich mit dem Christentum südlich, später auch nördlich der Alpen aus. Er war Männern vorbehalten und fand besonders im römischen Heer zahlreiche Anhänger. Der Mithraismus weist in einigen Elementen durchaus Ähnlichkeit mit der christlichen Lehre auf. Kaiser Aurelian (270 bis 275) erklärte ihn sogar zur Staatsreligion! Erst 391, als das Christentum zur Staatsreligion aufstieg, wurde der Mithras-Kult bei Todesstrafe verboten.

Goldglänzendes Apsismosaik in der Oberkirche von San Clemente

Der Lateran

Wie der Vatikan setzt sich auch der Lateran, seit dem 4. Jh. n. Chr. bis 1309 Sitz der Päpste, aus verschiedenen religiös motivierten Gebäuden zusammen – Heilige Stiege, Baptisterium und Lateranpalast sowie der Basilika San Giovanni in Laterano.

Der 31 m hohe monolithische ***Obelisk** auf dem Lateransplatz wurde im 15. Jh. v. Chr. unter Pharao Thutmosis III. für den Amun-Tempel von Karnak gehauen. 1587, 1230 Jahre nach seiner Verschiffung vom Nil an den Tiber, entdeckte man ihn, in drei Teile zerborsten, auf dem Gelände des Circus Maximus.

Die weiträumige ***Piazza di Porta San Giovanni** zwischen der Fassade von San Giovanni in Laterano und der Aurelianischen Stadtmauer des 3. Jhs. wird jedes Jahr am 1. Mai zur Bühne für ein Open-Air-Spektakel (› S. 52).

*Scala Santa 27

Die Heilige Stiege, über die Jesus zu Pilatus emporgestiegen sein soll, stammt aus dem Jerusalemer Palast des römischen Statthalters und wurde von der hl. Helena nach Rom gebracht. Planken aus Nussbaumholz schützen die 28 Marmorstufen, die die Gläubigen auf ihren Knien erklimmen (Tel. 0 67 72 66 41, www.scalasanta.org, April–Sept. tgl. 6–12, 15.30 bis 18, Okt–März 6–12, 15–17 Uhr). Zwei Aufgänge führen zur päpstlichen Privatkapelle ***Sancta Sanctorum.**

*Triclinium Leonianum 28

Direkt hinter der Scala Santa taucht auf der linken Seite eine Apsis mit einem Mosaik auf. Das

Triclinium Leonianum gehörte zu einem umfangreichen Speisesaal des Laterans. Die Kopie des ursprünglichen Mosaiks zeigt Papst Leo III. und Karl den Großen mit dem quadratischen Heiligenschein der Lebenden.

**San Giovanni in Laterano 29

Das Hauptaugenmerk im Lateran gilt natürlich der Basilika San Giovanni in Laterano, die mit San Paolo fuori le Mura, San Pietro in Vaticano und Santa Maria Maggiore zu den vier Patriarchalkirchen Roms gehört. Zudem ist sie bis heute die Kathedrale Roms. Der Papst ist auch Bischof von Rom, doch hat er in diesem Amt einen Stellvertreter.

Auf dem bereits unter Nero konfiszierten Besitz der alten römischen Adelsfamilie Laterani von Kaiser Konstantin errichtet, darf sie sich seit 314 mit dem Titel »Haupt und Mutter aller Kirchen« schmücken. Über Jahrhunderte war San Giovanni in Laterano mit dem angrenzenden Lateranpalast der Sitz des Papstes und Schauplatz wichtigster Kirchendispute und bedeutsamer wie schauriger Konzile.

Erstmals in der Spätantike wurde hier eine Kirche mit einem Querschiff errichtet und damit dem Grundriss des Kreuzes nachempfunden. Unter den Nachfolgern Petri wurde San Giovanni vielfach umgebaut: Papst Innozenz X. gab zum Heiligen Jahr 1650 Borromini den Auftrag, den Innenraum völlig umzugestalten. Die prunkvolle **Fassade** mit der Statuenbalustrade wurde sogar erst 1735 fertiggestellt. Sehenswert sind die mächtigen fünf **Portaltüren** San Giovannis (die mittlere stammt noch von der Kurie des römischen Senats).

Von den zahlreichen **Kunstwerken im Inneren** San Giovannis seien erwähnt: das Giotto-Fresko mit der Ausrufung des 1. Pilgerjubiläums im Jahre 1300 durch Papst Bonifaz VIII. (1. Pilaster des rechten Seitenschiffs), die bronzene Grabplatte Mar-

Echt gut!

Die schönsten Mosaiken

- Was für ein Auftakt: Die **Galleria Borghese** beeindruckt im 1. Saal mit einem antiken Fußbodenmosaik, auf dem Gladiatoren- und Tierkämpfe zu bewundern sind. › S. 98
- Absolutes Highlight: Das Apsismosaik in der Oberkirche von **San Clemente** stellt den »Triumph des Kreuzes« dar, umrankt von einem reich bebilderten Lebensbaum. Zwölf Tauben auf dem Kreuz sowie zwölf Schafe auf dem Fries symbolisieren die zwölf Apostel. › S. 107
- Maria und Jesus auf Augenhöhe: Die mittelalterlichen, goldglänzenden Mosaiken in der Apsis von **Santa Maria Maggiore** verherrlichen die Krönung Mariä. › S. 101
- Steinchen für Steinchen wurde die **San-Zeno-Kapelle** der Kirche Santa Prassede im 9. Jh. im streng-byzantinischen Stil verziert – bizarr: Neben Theodora, der Mutter des Papstes Paschalis I., ist auch eine Bischöfin zu erkennen. › S. 102.

tins V. (er beendete das Abendländische Schisma) in der Confessio sowie der marmorne Hauptaltar, in dem der hölzerne Altar enthalten ist, an dem bereits Petrus die Messe gelesen haben soll, außerdem Reliquien der Heiligen Petrus und Paulus im Ziborium (tgl. 7–18.30 Uhr).

*Lateranpalast 30

Der Lateranpalast (Zugang von Piazza di Porta San Giovanni) ist seit den Lateranverträgen (1929) eine Exklave des Kirchenstaates. Die Sammlung des Museo Storico Vaticano (nur mit Führung, Mo bis Sa 9, 10, 11, 12 Uhr) ist zu einem Gutteil in die Vatikanischen Museen ausgelagert.

Ein Ort der Stille und Besinnung ist der ****Kreuzgang** (Chiostro), der wie in San Paolo fuori le Mura (› S. 117) als Meisterwerk der Cosmatenkunst gilt. Mit der Familiendynastie des Cosmas besitzt Rom eine einzigartige Schule der Mosaikkunst: Im 12./13. Jh. entwickelten diese aus Süditalien stammenden Künstler eine sehr subtile Ornamentkunst, deren arabisierende Elemente nicht zu übersehen sind (tgl. 9–18 Uhr).

**Baptisterium San Giovanni in Fonte 31

Kunst- wie religionsgeschichtlich bedeutsam ist der achteckige Ziegelbau des Baptisteriums. Die wohl älteste Taufkirche der Christenheit steht auf den antiken Bädern der Laterani-Familie. Kaiser Konstantin ließ sie im 4. Jh. errichten; 1637 erhielt sie ihre

San Giovanni in Laterano

heutige Gestalt. Besonders bemerkenswert sind die antiken Bronzetüren und die frühmittelalterlichen Mosaiken.

Restaurant

Jenseits der Aurelianischen Mauer empfiehlt sich die Trattoria/Osteria **Da Roberto e Loretta,** **Via Saturnia 18–24,** **Tel. 06 77 20 10 37,** ●

Shopping

Junge, auch ausgefallene Mode lockt auf der **Via Appia Nuova**, südlich von der Porta San Giovanni.

Auf dem Celio

**Santo Stefano Rotondo 32

Die Kirche Santo Stefano Rotondo entstand 476 n. Chr. nach dem Vorbild der von Konstantin in Jerusalem errichteten Grabeskirche, die den großen Baumeistern der Renaissance häufig als Vorbild diente. Mit deutschen Finanzmitteln restauriert, gilt der 1582 geschaffene »Todesreigen der Blutzeugen« von Niccolò Circignani und Matteo da Siena als Topattraktion (Sommer Di–Sa 9.30 bis 12.30, 15–18, So 9.30–12 Uhr, Winter Di–Sa 9.30–12.30, 14–17, So 9.30–12 Uhr).

*S. Maria in Domnica 33 und *Villa Celimontana

Santa Maria in Domnica geht auf das frühe 9. Jh. zurück. Unter der Kirche werden Reste einer palastähnlichen Anlage vermutet, denn der Monte Celio war wie der Palatin in der Antike eine bevorzugte Wohngegend für Roms Hochadel. Neben dem *Apsismosaik sind die Kassettendecke und die Fresken (Anfang 16. Jh.) zu bewundern (tgl. 9–12, 15.30–18 Uhr). Den **Navicellabrunnen** vor der Kirche stiftete Medici-Papst Leo X.

Links von der Kirche liegt der Haupteingang zum Park **Villa Celimontana**, wo im Sommer Jazzkonzerte erklingen (› S. 37). Der Blick auf die Ruinen der Caracallathermen ist einmalig. Der **Obelisk** im Park war einmal Ramses II. geweiht. Parkbesitzer Ciriaco Mattei erhielt ihn 1584 als Geschenk des römischen Senats.

SS. Giovanni e Paolo 34

Rechts von Santa Maria in Domnica führt das teils noch original antike Lavasteinpflaster des ***Clivio di Scauro** hinab zu SS. Giovanni e Paolo. Die um 400 n. Chr. errichtete Basilika wurde Anfang der 1950er-Jahre auf Betreiben von Kardinal Spellman äußerlich authentisch restauriert. Roms Brautpaare danken es dem New Yorker Erzbischof – SS. Giovanni e Paolo ist die beliebteste Hochzeitskirche der Stadt (tgl. 8.30–12 und 15.30–18 Uhr).

Die Oberkirche ist barock gehalten, doch die Ausgrabungen unter der Basilika brachten eine einzigartige Mixtur aus antiker römischer Domus, frühchristlicher Wohnstatt und mittelalterlichem Oratorium ans Tageslicht. In den ****Case Romane del Celio** zeigen Fresken (2. bis 4. Jh.) heidnische sowie christliche Motive. Durch das Wegelabyrinth taucht man in die frühe Geschichte der Stadt ein (Zugang am Clivio di Scauro, Do–Mo 10–13, 15–18 Uhr, www.caseromane.it).

*San Gregorio Magno 35

Die nach Papst Gregor dem Großen (590–604) benannte Kirche San Gregorio Magno steht am Ende dieses Wegs. Gregor wandelte den Familienpalast in ein Kloster um. Bemerkenswert sind der Altar Gregors (mit Bischofsstuhl) sowie die Zelle des Papstes. Hinter der Kirche liegt der Benediktinerfriedhof mit drei Kapellen zu Ehren der Mutter Gregors (Santa Silvia), des hl. Andreas und der hl. Barbara.

Centrale Montemartini

Der Aventin im Süden der Stadt

Nicht verpassen!

- Tief durchatmen im städtischen Rosengarten Roseto am Monte Aventino
- Einen Espresso im Schatten der Cestiuspyramide trinken und das Grab Keats' auf dem Cimitero Acattolico besuchen
- Sich mit einem Aperitif auf der Piazza Testaccio auf den Abend einstimmen und dann in die Nacht ausschwärmen
- Die einzigartige Mischung aus Marmorschönheiten und Turbinen im ehemaligen Elektrizitätswerk (Centrale Montemartini) bestaunen

Zur Orientierung

Der Aventin war in der Antike zunächst das Wohnviertel der Plebejer, später jedoch, in der Kaiserzeit, siedelten sich zunehmend wohlhabende Bürger hier an. Sie schätzten die Nähe zum Tiber und zu den Kaiserresidenzen auf dem Palatin, nördlich vom Circus Maximus. Die Thermen des Caracalla lagen gleich im Westen des Hügels. Heutzutage versprechen Roms Rosengarten und der Friedhof der Nichtkatholiken Entspannung, während reges Nachtleben ins angrenzende Quartiere Testaccio lockt. Inzwischen hat sich die Kulturszene noch weiter nach Süden ausgedehnt – nach Ostiense, das schon jenseits der antiken Stadtmauern liegt. Dorthin führt die von Cafés und Grünanlagen gesäumte Via Ostiense von der Porta S. Paolo im Schatten der Cestiuspyramide aus. Die einstigen Industriebetriebe und Großmarkthallen der Vorstadt werden von Künstlern und Kleinkunstbühnen genutzt. Kurz hinter dem markanten Gasometer passiert man das ehemalige Elektrizitätswerk Centrale Montemartini, die beeindruckende Zweigstelle der Kapitolinischen Museen. Die Tour endet schließlich weit »vor den Mauern« an der Pilgerkirche San Paolo fuori le Mura.

Tour im Süden der Stadt

Vom Aventin vor die Mauern

– 10 – *San Saba › **Caracallathermen › *Circo Massimo › *Piazza dei Cavalieri di Malta › *Porta San Paolo › **Cimiterio Acattolico › ***San Paolo fuori le Mura

Dauer: 4 Stunden
Praktische Hinweise: Die Piazza di Porta Capena (S. Saba) ist von der Ⓜ Circo Massimo (B) zu erreichen. Zu San Paolo fuori le Mura fährt die Metro B Ⓜ Basilica S. Paolo und der Bus 23. Rosengarten geöffnet von Mitte Mai bis Mitte Juni.

*San Saba 1

Der Piccolo Aventino, Anfang des 20. Jhs. Wohnquartier der Eisenbahner, ist heute ein vornehmes Viertel rund um die Basilianerkirche San Saba (7. Jh.; Piazza G. L. Bernini 20; Mo–Sa 8–12, 16–19, So/Fei 9.30–13, 16–19.30 Uhr) mit mittelalterlichen Reliefs und Cosmatenfußboden › S. 111.

**Caracallathermen 2

212 von Caracalla in Auftrag gegeben und 217 von ihm eröffnet, zählte die 337 x 328 m große Anlage zu den größten und prachtvollsten der Stadt. Der Reichtum der Ausstattung – gefunden wurden hier z.B. der Farnese-Stier und der Farnesische Herkules – zeigt sich in den Mosaiken und dem verschwenderischen Einsatz von Marmor. Caldarium, Frigidarium, Bibliotheken, Ruheräume und Innenhöfe waren prunkvoll eingerichtet. Jeder freie Römer durfte sich hier vergnügen. Einzigartig war das unterirdisch verlegte Umluftheizsystem (Via delle Terme di Caracalla, Tel. 06 39 96 77 00; Mo 9–14, Di–So 9–18.30 Uhr; nur mit Sammelticket Appia Antica › S. 130).

In den Ruinen der Caracallathermen erklingen heute Konzerte

*Circo Massimo 3

Das antike Synonym für Brot und Spiele war der **Circus Maximus.** In der Talsenke zeichnen sich die Umrisse der einst 600 x 200 m großen Wagenrennbahn ab. Wagenrennen waren im Römischen Reich sehr beliebt, bis zu 300 000 Zuschauer wetteten hier. Heute wird die Senke, auf deren Areal der legendäre Raub der Sabinerinnen stattgefunden haben soll, nur zu Open-Air-Veranstaltungen reaktiviert.

*Roseto 4

Während der Rosenblüte zieht es die Römer vom Piazzale Ugo La Malfa in den wunderschönen Rosengarten (Via di Valle Murcia, ca. Mitte Mai bis Mitte Juni tgl. 8–19.30 Uhr, Tel. 0 65 74 68 10) und ganzjährig in den **Parco Sant'Alessio.**

**Santa Sabina 5

An der Via S. Sabina erhebt sich die gleichnamige Basilika, ein schöner Backsteinbau. Der Bildschmuck der Zypressenholztüren von 425 n.Chr. beeindruckt.

Santa Sabina ist der Ursprungsort des Dominikanerordens. Die Zelle des hl. Dominikus ist im Kloster erhalten (auf Anfrage unter Tel. 32 79 75 88 69). Besondere Beachtung verdienen die **Kirchenfenster, die aus Selenit, transparentem Gips, gefertigt** wurden, der Kreuzgang sowie der Klostergarten (tgl. 8.15–12.30, 15.30–18 Uhr). Echt gut!

*Piazza dei Cavalieri di Malta 6

Echt gut!

Hier lässt sich eine der **ungewöhnlichsten Aussichten** auf die Ewige Stadt genießen: durch das ***Schlüsselloch** (Buco di Roma) im Eingangsportal der Villa des Großmeisters des Malteserordens. Ein herrliches Panorama eröffnet sich auch vom Garten aus (Führung nur nach Anmeldung, mind. 10 Personen; Tel. 06 67 58 12 89).

Die neoromanische Kirche ***Sant'Anselmo** 7 (Ende 19. Jh.), die an das Benediktinerseminar angrenzt, ist eine sehr populäre Hochzeitskirche (tgl. 9–18 Uhr).

*Porta San Paolo 8

Der heilige Paulus soll an der Porta San Paolo seinen Gang zur Hinrichtungsstätte Tre Fontane › S. 129 angetreten haben.

Im Torbogen befindet sich das **Museo archeologico della Via Ostiense;** es dokumentiert die reiche Geschichte der Verbindungsstraße zwischen Rom und Ostia (Di–So 9–13.30, Di u. Do bis 16.30 Uhr).

– 10 – Vom Aventin vor die Mauern

1 San Saba
2 Caracallathermen
3 Circo Massimo
4 Roseto
5 Santa Sabina
6 Piazza dei Cavalieri di Malta
7 Sant'Anselmo
8 Porta San Paolo
9 Cestiuspyramide
10 Cimitero Acattolico
11 Centrale Montemartini
12 San Paolo fuori le Mura

*Cestiuspyramide 9

Im **Parco della Resistenza** lädt das Caffè du Parc im Schatten der Pyramide zur Ruhepause ein. 12 v.Chr. ließ sich der römische Beamte Caius Cestius das Grabmal im Stil der Ägypten-Mode, die seit 31 v.Chr. aus der neuen Kolonie nach Rom herüberschwappte, errichten.

**Cimitero Acattolico 10

Auf dem Friedhof für Nichtkatholiken ruhen viele Ausländer, die sich um Rom verdient gemacht haben oder ihre letzten Jahre hier verbrachten: Keats, Severn und Shelley, Gottfried Semper oder Wilhelm von Humboldt. Für seinen Sohn August (»Gustl«), der 1830 im Alter von 40 Jahren in Rom verstarb, wählte Vater Goethe den Grabspruch: *Goethe filius patri antevertens* (»Goethes Sohn, dem Vater vorangehend«). Der Friedhof am Rand von Testaccio ist **einer der stimmungsvollsten Orte Roms** (Eingang Via Caio Cestio 6, am Portal läuten; Mo–Sa 9–17, So 9–12.30 Uhr, Tel. 0 65 74 19 00, www.protestantcemetery.it; Obolus für Infoheft und Spende).

Echt gut!

Auf dem Friedhof und rund um die Pyramide lebt eine Kolonie von etwa 200 Katzen, die hier gefüttert und betreut werden.

Centrale Montemartini 11

Als die Kapitolinischen Museen auf dem Kapitol restauriert wurden, brachte man etwa 400 antike Skulpturen und Reliefs in das ehemalige Elektrizitätswerk Centrale Montemartini. **Das Nebeneinander von gusseisernen Turbinen und glatten Marmorkörpern** fand beim Publikum so großen Anklang, dass die Kapitolinischen Museen die Jugendstilhalle als dauerhafte Zweigstelle beibehielten (Via Ostiense 106, Metro B bis Garbatella, Tel. 06 06 08, www.centralemontemartini.org; Di–So 9–19 Uhr).

Echt gut!

***San Paolo fuori le Mura 12

Sankt Paul vor den Mauern, eine der vier römischen Patriarchalbasiliken, übertraf an Pracht sogar Alt-Sankt-Peter. Ihre Ursprünge gehen auf das 3. Jh. n.Chr. zurück, als über dem Grab des Apostels Paulus ein erstes Gotteshaus an dieser Stelle errichtet wurde. Der Brand vom 15./16. Juli 1823 zerstörte einen Großteil der einzigartigen Kunstwerke.

Obwohl der Wiederaufbau vom Klassizismus des 19. Jhs. geprägt ist, bewahrt die fünfschiffige Halle den Raumeindruck der spätantiken Kaiserbasiliken. Sehenswert sind der **Tabernakel** von Arnolfo di Cambio, die 1070 entstandenen ***Bronzetüren,** der **Osterleuchter** und der ****Kreuzgang.** Pietro Vasalletto schuf das Meisterwerk 1205–1241. Berühmt ist die Kirche für die Papstmedaillons an den Wänden, die alle Päpste seit Petrus zeigen › S. 14 (Viale Ostiense 184; Tel. 06 69 88 08 00; tgl. 7–19 Uhr, Kreuzgang 9–13, 15 bis 18 Uhr; Ⓜ San Paolo).

Special

Vom Scherben- zum Szeneviertel

Das Viertel Testaccio um das ehemalige Schlachthaus (ital. Ex Mattatoio) und den antiken Scherbenhügel Monte Testaccio im Süden der Stadt hat sich zum spektakulären In-Treff der römischen Szene entwickelt. Allabendlich strömen vor allem die Jungen und Schönen hierher, um die römische Küche in einer der Trattorien zu genießen und die Nacht in den Diskos durchzutanzen. (s. auch S. 37)

Am besten erreicht man den Stadtteil mit der Metro, Haltestelle Piramide. Nachts fahren Busse von hier zurück in die Innenstadt (Linien n9, n11).

Römische Küche im Schlachthofviertel

Rund um die Piazza Testaccio, den zentralen Marktplatz, lebt nach wie vor Roms Popolo. In die typischen schlichten Trattorien kehren die Nachbarn ebenso ein wie Römer aus anderen Stadtteilen, die die exzellent zubereiteten Innereien schätzen; auch Touristen sind willkommen. Es geht eng her, im Sommer stehen Tische im Freien. Und: Billig ist es nicht!

■ **Checchino dal 1887**
Via di Monte Testaccio 30
Tel. 0 65 74 38 16
www.checchino-dal-1887.com
So, Mo geschl.

Einfache römische Küche auf höchstem Niveau – auch im Preis. ●●●

■ Agustarello

Via G. Branca 98/100

Tel. 0 65 74 65 85

So und Mo mittag sowie Aug. geschl.

Römische Küche, z.B. Pasta all'amatriciana und Coda alla vaccinara. ●–●●

■ Da Felice

Via Mastrogiorgio 29

Tel. 0 65 74 68 00, So geschl.

Einfaches Traditionslokal mit bester römischer Küche. ●

Alles unter einem Dach

Das ehemalige Schlachthaus (Ex Mattatoio) ist Roms aufregendste Bühne für die lebendige Szenekultur der Hauptstadt. Tea-Room und Performance-Kunst, Dritte-Welt- und Secondhandware, Musikveranstaltungen, v.a. Ethno (afrikan., ital.), Electronic-Sound, volkstümliche Trattoria, Pizzeria, Filme, Ausstellungen, die Auswahl ist riesig, die Atmosphäre interkulturell und alternativ. Auch eine Zweigstelle des Museo d'Arte Contemporanea Roma (Macro), das seinen Hauptsitz im Rione Salario hat, ist hier untergebracht.

■ Villaggio Globale

Lungotevere Testaccio (Ex Mattatoio)

Tel. 0 65 73 00 29

www.ecn.org/villaggioglobale

■ MACRO Future

Piazza Orazio Giustiniani 4

Tel. 06 06 08

www.macro.roma.museum

Di–So, Fei 16–22 Uhr

(Haupthaus MACRO/Museo d'Arte Contemporanea, Via Nizza/Ecke Via Cagliari, Tel. 06 06 08; Di–Fr, So 11–19, Sa bis 22 Uhr, Sammelticket 11 €).

Monte Testaccio und Ostiense

In den Testaccio-Hügel, der aus antiken Amphorenscherben aufgeschüttet wurde, grub man Kellergewölbe (*grotta*) – ursprünglich Lagerräume für Wein – die als Musik-, Künstler- und Gay-Treffs zu neuem Leben erwachten. In den letzten Jahren breitete sich die Szene weiter nach Ostiense aus, wo viele neue Locations um die Via Libetta entstanden.

■ Caffè Latino

Via di Monte Testaccio 96

Tel. 0 65 57 28 85 56, tgl. 22.30–3 Uhr

Disco-Pub, direkt in den Monte Testaccio hineingebaut, mit Livemusik und Disco, Revival, Funk, Soul.

■ Radio Londra Caffè

Via di Monte Testaccio 65 B

Tel. 0 65 75 00 44, Di–So 21–3 Uhr

Bekanntes Live-Rock-Lokal im Bunkerlook – die Kellner sind als Soldaten verkleidet.

Latino-Rhythmen

Am Puls der Zeit, sprich der römischen Nächte, ist, wer sich in den Höhlen zu Salsa, Latin House, Merengue, Hip-Hop oder Eletrotango bewegt und Tapas, Enchiladas und Cerveza goutiert.

■ Cafè de Oriente

Via di Monte Testaccio 36

Tel. 0 65 74 50 19

Mo und Juli/Aug. geschl.

Heiße Rhythmen mit Animation.

■ Charro Cafè,

Via di Monte Testaccio 73

Tel. 0 65 78 30 64

www.charrocafe.it

tgl. außer Mo/So 20.30–3 Uhr

Mexikanische Küche, frenetische Beats.

Trastevere und Gianicolo

Nicht verpassen!

- Den abendlichen Corso der Römer zwischen Piazza Trilussa und Santa Maria in Trastevere
- Raffaels zauberhafte Fresken in der Gartengalerie der Villa Farnesina
- Lustwandeln im idyllischen Botanischen Garten
- Das Stadtpanorama vom Faro della Vittoria auf dem Monte Gianicolo

Karte Seite 122

Zur Orientierung

Am westlichen Tiberufer hat sich das malerische Viertel Trastevere mit mittelalterlich verwinkelten Straßen seinen volkstümlichen Charme bewahrt und bietet viel Abwechslung. Kirchen wie Santa Maria in Trastevere setzen dabei kunsthistorische Höhepunkte. Am Abend verwandelt sich Trastevere mit seinen zahlreichen Trattorien und Kneipen in ein beliebtes Ausgeh- und Flanierviertel. Oberhalb von Trastevere ragt der mit gut 80 m höchste römische Hügel empor, der Gianicolo. Einerseits faszinieren die Denkmäler für jene, die sich um die italienische Einheit verdient gemacht haben, andererseits überwältigt die grandiose Aussicht auf die Ewige Stadt, vor allem von der Piazza Garibaldi.

Tour durch Trastevere

Bummel durch Trastevere

– ⑪ – **Villa Farnesina › **Piazza S. Maria in Trastevere › *S. Cecilia in Trastevere › S. Francesco a Ripa

Dauer: 3–4 Stunden

Praktische Hinweise:
Ausgangs- und Endpunkt der Tour lassen sich über Bushaltestellen am Lungotevere erreichen (23, 125, 280 u.a.), S. Francesco a Ripa zudem mit der Straßenbahn 3.
Die meisten Museen sind montags, der Botanische Garten ist sonntags und montags geschlossen; der Flohmarkt an der Porta Portese findet am Sonntagvormittag statt.

**Villa Farnesina 1

Mit dem Nationalen Kunstdruckkabinett gilt die Villa als Kleinod der Kunstgeschichte, wurde sie doch von den bedeutendsten Künstlern der damaligen Zeit gestaltet. Der Bankier Agostino Chigi hatte sie Anfang des 16. Jhs. von Baldassare Peruzzi errichten lassen. 1534 gelangte sie in den Besitz der Familie Farnese.

Sehen Sie sich die **Sala delle Prospettive** im Obergeschoss an, in der die Kunst der Perspektivmalerei erstmals Triumphe feierte. Im **Schlafzimmer** beeindruckt Sodomas *Alexanderhochzeit, während in der **Gartengalerie** Raffaels *Geschichte von Amor und Psyche sowie der *Triumphzug der Galatea herausragen (Via della Lungara 230, www.lincei.it; Mo–Sa 9–13 Uhr).

*Palazzo Corsini 2

Der Palazzo aus dem 16. Jh. war einst die Residenz der schwedischen Königin Christina, die 1655 zum Katholizismus konvertierte und in Rom einen bedeutenden Kreis von Künstlern und Humanisten um sich scharte.

Die **Nationalgalerie** im Palazzo Corsini (Galleria Nazionale d'Arte Antica) zeigt europäische Malerei des 16. bis 18. Jhs. Einer der wertvollsten Schätze der Sammlung ist Anton van Dycks **Madonna mit Kind (Via della Lungara 10, Tel. 0 63 28 10, www.galleriaborghese.it; Di–So 8.30 bis 19.30 Uhr).

Echt gut!

Für Pflanzenfreunde empfiehlt sich ein Abstecher in den **Botanischen Garten** hinter dem Palazzo (Largo Cristina di Svezia 24, April–Mitte Okt. Di–Sa 9–18.30, sonst bis 17.30 Uhr).

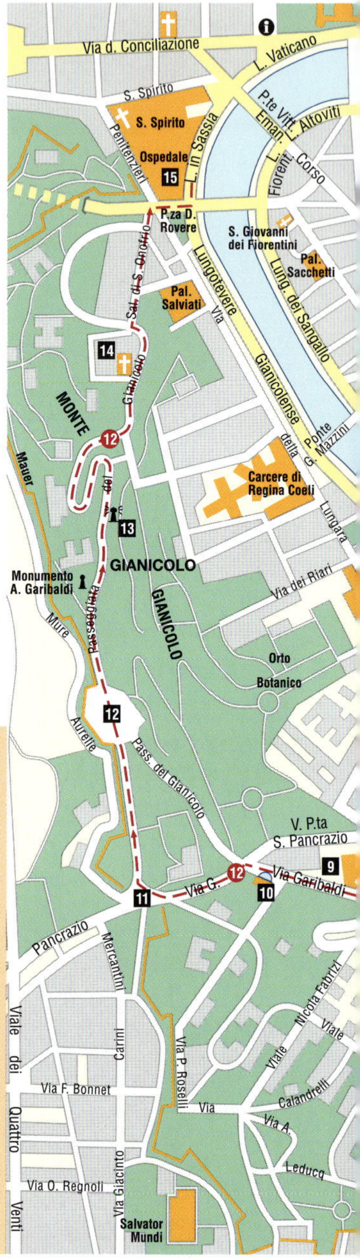

– 11 –
Bummel durch Trastevere

1 Villa Farnesina
2 Palazzo Corsini
3 Folkloremuseum
4 Piazza Santa Maria in Trastevere
5 Piazza San Sonnino
6 Santa Cecilia in Trastevere
7 Complesso di San Michele a Ripa Grande
8 San Francesco a Ripa

– 12 –
Auf dem Gianicolo

9 San Pietro in Montorio
10 Fontana dell'Acqua Paola
11 Porta San Pancrazio
12 Piazzale Garibaldi
13 Faro della Vittoria
14 Sant'Onofrio al Gianicolo
15 Ospedale di Santo Spirito

Trastevere und Gianicolo
0
300 m
Lungotevere Tor di Nona
Via Zanardelli
Pal. Altemps
Via della Scrofa
S. Agostino
P.za di Montecitorio
P.za Colonna
Via del Corso
Via dei Coronari
Corso Rinascimento
S. Luigi dei Francesi
P.za della Rotonda
V. Seminario
PONTE PARIONE
V. Parione
Piazza Navona
Pal. Madama
Pantheon
S. Ignazio
Vittorio Emanuele
Via B. Vecchi
Chiesa Nuova
S. Agnese in Agone
P.za S. Eustacchio
P.za S. Maria sopra Minerva
Pal. Braschi
Corso
Via del Pellegrino
Pal. d. Cancelleria
P.za S. Pantaleo
Pal. Massimo
Via di Monserrato
Via Giulia
Vitt. Emanuele
Via Argentina
Largo Argentina
Via d. Plebiscito
S. Andrea d. Valle
Via Chiavari
P.za Campo dei Fiori
Campo de'Fiori
Il Gesù
Via Torre Argentina
Area Sacra Argentina
P.za Farnese
Palazzo Pio
V. Botteghe Oscure
Lungotevere dei Tebaldi
Palazzo Farnese
Crypta Balbi
Tevere
Palazzo Spada
Lungotevere della Farnesina
REGOLA
Via Arenula
Via Zoccolette
Ponte Sisto
Lung. dei Vallati
Lung. dei Cenci
Teatro di Marcello
Via d. Teatro di Marcello
V. Benedetta
Piazza Trilussa
Garibaldi
Via d. Scala
Isola Tiberina
Ponte Garibaldi
Ospedale
Lung. R. Sanzio
Lung. Pierleoni
S. Maria della Scala
Via Pelliccia
Vicolo d. Piede
P.za Giuseppe Belli
S. Bartolomeo
S. Egidio
P.za Sonnino
Lung. d. Anguillara
Ponte Rotto
Via della Lungaretta
Ponte Palatino
S. Maria in Trastevere
P.za in Piscinula
Via S. Gallicano
S. Crisogono
S. M. d. Luce
P.za Bocca d. Verità
Via Luciano Manara
Via dei Genovesi
Via S. Francesco a Ripa
Via della Luce
Via Anicia
Piazza Mastai
Monopoli di Stato
P.za. di S. Cosimato
S. M. in Cappella
Lung. Ripa
TRASTEVERE
Viale di Trastevere
Via E. Morosini
Via G. Induno
Via di S. Michele
Porto di Ripa Grande
Lungotevere Aventino
Via Glorioso
Via Dandolo
S. Sabina
Porta Portese
Sant'Alessio
Ponte Sublicio
P.za d. Emporio
S M. del Priorato
1
2
3
4
5
6
7
8
11

Apsismosaiken in Santa Maria

*Folkloremuseum 3

Die Zweigstelle des Museo di Roma gewährt einen Einblick in römisches Leben und Brauchtum (Piazza San Egidio 1 b, www.museodiromaintrastevere.it, Tel. 06 06 08, Di–So 10–20 Uhr).

Piazza Santa Maria in Trastevere 4

Schon in der Antike genoss der Brunnen der Piazza als Olei Fons, öliges Quellwasser, zweifelhafte Berühmtheit. Carlo Fontana sorgte gegen Ende des 17. Jhs. dafür, dass sich die Hygiene verbesserte; er gestaltete auch das schmucke Äußere des Brunnens.

Bereits Mitte des 4. Jhs. wurde ****Santa Maria in Trastevere** gegründet; sie gilt als älteste Marienkirche Roms. Die Hauptkirche Trasteveres erhielt ihre jetzige Gestalt im 12. Jh., die Vorhalle wurde 1702 errichtet. Die *Apsismosaiken, um 1140 entstanden, zeigen Maria und Christus zwischen Heiligen und dem Kirchstifter Papst Innozenz II.

Piazza San Sonnino 5 und *Piazza Giuseppe Belli

Über die belebte Via della Lungaretta geht es zur **Piazza San Sonnino** mit dem Geschlechterturm **Torre d'Anguillara** (13. Jh.) und der Kirche ***San Crisogono.** Der Eingang liegt an der Hauptverkehrsachse des Viertels, Viale di Trastevere. Von Interesse sind die *Fußbodenmosaike und die größten Porphyrsäulen Roms.

Nur wenige Schritte weiter liegt die **Piazza Giuseppe Belli,** nach

Musikpatronin

Santa Cecilia ist Schutzpatronin der Kirchen- und Volksmusik. Der Stadtchronik nach wurde bei einer Graböffnung im Jahre 1599 der Leichnam der Heiligen nahezu unversehrt vorgefunden. Daher kann man sich bei der 1600 von Carlo Maderno (er war bei der Öffnung anwesend) geschaffenen ****Statue der liegenden Cäcilia** in der ihr geweihten Kirche eine gute Vorstellung vom Aussehen der antiken Dame machen. Es ist dem Volksglauben keineswegs abträglich, dass es eine hl. Cäcilia nie gegeben hat und sie deswegen aus den Heiligenlisten der Kirche gestrichen wurde.

Trasteveres berühmtem »Poeten der kleinen Leute« benannt. Versteinert schaut der »Zille Roms« auf das Alltagstreiben der Trasteveriner herab, die sich für die einzig wahren Römer halten.

*Santa Cecilia in Trastevere 6

Echt gut!

Nach der Überquerung des Viale in Trastevere führt die **Via della Lungaretta mit guten Bars und Cafés** zur Piazza in Piscinula. Von dort ist es nicht weit bis zu Santa Cecilia in Trastevere, einer der beliebtesten Kirchen Roms. Papst Paschalis I. (817–824) hatte die in den Katakomben des Kalixtus entdeckten Reliquien der hl. Cäcilia in das Gotteshaus bringen lassen und die Kirche prachtvoll ausgeschmückt. Neben den ***Apsismosaiken** aus dem 9. Jh. verdienen die **Krypta** und vor allem der ***Nonnenchor** des angeschlossenen Nonnenklosters mit dem 1293 entstandenen Fresko **Jüngstes Gericht (Pietro Cavallini) Erwähnung (Mo–Sa 9.30–13, 16–18.30, So/Fei 11.30–12.30, 16 bis 18.30, Fresken Mo–Sa 10.15 bis 12.15, So 11.30–12.30 Uhr).

Gegenüber der Kirche hat an der Via dei Genovesi das **Genuesenhospiz** mit einem schönen *Kreuzgang (15. Jh.) seinen Sitz.

*Complesso di San Michele a Ripa Grande 7 und San Francesco a Ripa 8

In der Via di San Michele 22 steht das in 150-jähriger Bauzeit errichtete Palastensemble **Complesso di San Michele a Ripa Grande,** Sitz einer Hochschule und einer Ministerialstelle. Es öffnet seine Pforten für Konzerte und Ausstellungen in der Chiesa Grande und auf dem ehemaligen Trockenboden. Auf dem Weg zur Seligen Ludovica passiert man das alte Stadttor ***Porta Portese,** wo am Sonntagvormittag **ein bunter und lebhafter Flohmarkt** stattfindet (› S. 34).

Echt gut!

Echt gut!

Romantische Plätze im nächtlichen Rom

- Schon Goethe war begeistert vom Panorama, das die Aussichtsterrasse auf dem Monte Pincio eröffnet. Der Sonnenuntergang taucht die Peterskirche gegenüber in besonders schönes Licht. › S. 89
- Zum Wohl: Die **Piazza Sant' Eustachio** bietet mit herrlichen Renaissancepalästen und der Kirche S. Ivo alla Sapienza den idealen Rahmen für ein Gläschen Wein in einer der Bars. › S. 80
- Unter Ihnen das leise glucksende Wasser und über Ihnen das Sternenzelt: Entdecken Sie auf einer **Tiberschifffahrt** mit Dinner Ihre romantische Ader. › S. 23
- Dreh- und Angelpunkt des abendlichen Corso ist die stimmungsvolle **Piazza Santa Maria in Trastevere.** Beobachten Sie das Treiben von den Stufen des Brunnens. › S. 124
- Fernab vom Großstadtchaos: Beim nächtlichen Bummel auf der **Passeggiata del Gianicolo** liegt Ihnen das gigantische Lichtermeer ganz Roms zu Füßen. › S. 127

In der Kirche **San Francesco a Ripa** zieht Berninis Spätwerk, die äußerst sinnlich gemeißelte »Verzückung der Beata Ludovica Albertoni« (1674), Kunstpilger an (tgl. 7–12, 16–19.30 Uhr, Kapelle Altieri zzt. geschl.).

Über die Via San Francesco a Ripa und Via N. del Grande gelangt man zur **Piazza S. Cosimato** (vormittags außer So Markt).

Restaurant

- Im **L'Antico Tevere, Via Portuense 45, Tel. 0 65 81 60 54,** speist man klassisch oder genießt eine gute Pizza. So geschl. ●–●●
- Die originellen Pizzavarianten von **Ivo a Trastevere, Via San Francesco a Ripa 158, Tel. 0 65 81 70 82,** sind nicht nur bei Roms Jugend beliebt; oft muss man warten, bis ein Tisch frei wird. Nur abends, Di geschl. ●

Echt gut

Tour über den Gianicolo

Auf dem Gianicolo

– ⑫ – *San Pietro in Montorio › **Piazzale Garibaldi › *Passeggiata del Gianicolo › Ospedale Santo Spirito

Dauer: 2 Stunden

Praktische Hinweise: Zur Piazza San Pietro in Montorio gelangen Sie mit den Straßenbahnen 3 und 8. Das Ospedale S. Spirito (Di, Do, Sa/So geschl.) an der Piazza Rovere ist mit Bussen zu errreichen (u.a. 23, 40, 116, 280). Diese kurze Tour lässt sich gut im Anschluss an den Bummel durch Trastevere unternehmen.

Der romantische Hügel hieß früher *Mons aureus*, Goldener Berg; seine heutige Bezeichnung leitet sich vom doppelköpfigen Gott der Stadttore und Türschwellen, Janus, ab. Der Gianicolo lockt junge Liebespaare während der nächtlichen Ausgehtour nicht allein wegen des Ausblicks, sondern auch wegen der dunklen Straßen …

*San Pietro in Montorio 9

An der gleichnamigen Piazza steht San Pietro in Montorio mit dem ****Tempietto di Bramante.** Konvent und Kirche gehen auf das 9. Jh. zurück. Dass der hl. Petrus hier gekreuzigt wurde, gehört ins Reich der Legenden. Während die um 1500 umgebaute Kirche viele Kunstwerke beherbergt, steht im ersten der beiden Kreuzgänge ein Meisterwerk Bramantes, das perfekt proportionierte Tempelchen (1502). Bernini gestaltete den Zugang zur Krypta.

*Fontana dell'Acqua Paola 10

Weiter den Gianicolo hinaufsteigend, taucht bald die Fontana dell'Acqua Paola auf. Papst Paul V.

ließ hier das Aquädukt Trajans reaktivieren und mit barocker Pracht ausschmücken. Die antike Kunst der Triumphbogengestaltung stand Pate bei der Brunnenanlage, die zu den schönsten Roms zählt. Vorbei an der ***Porta San Pancrazio** 11, die ab 1644 die Funktionen der antiken Porta Aurelia übernahm, sind es nur wenige Schritte zur Aussichtsterrasse Piazzale Garibaldi.

**Piazzale Garibaldi 12

Neben dem Panoramablick über Rom (bei klarer Sicht reicht der Blick bis zum Apennin und den Albanerbergen) bietet das **Reiterstandbild Giuseppe Garibaldis** ein beliebtes Fotomotiv. Carlo Piantadosis ***Puppentheater** an der Aussichtspiazza ist ein Hit.

cht gut!

*Leuchtturm (Faro della Vittoria) 13

An der Piazza del Faro mit tollem Ausblick überragt seit 1911 der römische Leuchtturm (Faro della Vittoria) den antiken Binnenhafen der Ewigen Stadt – ein Geschenk der nach Argentinien ausgewanderten italienischen Familien.

*Passeggiata del Gianicolo

Auf der 1880–1884 auf den Bastionen der Mauern Urbans VIII. angelegten Passeggiata del Gianicolo (auch Gianicolense) führt der Weg vorbei am Anfiteatro del Tasso, wo während der Estate Romana Theaterstücke und Filme gezeigt werden, zum ***Kloster**

Bramantes Tempietto

Sant'Onofrio al Gianicolo 14. Sehenswert ist der Kreuzgang aus dem 15. Jh. Hier starb im April 1595 Roms Dichterfürst Torquato Tasso. In der Kirche sind ihm zwei Monumente gewidmet; das kleine Museum im Kloster kann nach Voranmeldung besichtigt werden (Tel. 0 66 87 73 47, Kirche tgl. 7.30–13.30, Aug. geschl.).

Ospedale di Santo Spirito 15

Von der Piazza Sant'Onofrio al Gianicolo führt die Salita Sant'-Onofrio hinunter zur Piazza Della Rovere. Hier erwartet den Besucher ein Horrorladen der Medizingeschichte, der seit dem Mittelalter zusammengestellt wurde: Die **Accademia di Storia dell'Arte Sanitaria** ist ein eigenwilliges Vergnügen (Lungotevere in Sassia 3, Mo, Mi, Fr 10–12 Uhr).

Ausflüge

Nicht verpassen!

- EUR-Viertel und Abbazia delle Tre Fontane
- Via Appia Antica
- Ostia
- Tivoli

Karte Seite 135

EUR-Viertel und Kloster Tre Fontane

Rom › *EUR › *Abbazia delle Tre Fontane › Rom

Dauer: ½ Tag
Praktische Hinweise: Mit Metro B bis Ⓜ EUR-Fermi, dann Fußweg; www.romaeur.it

*EUR-Viertel 1

Mussolini wollte mit dem EUR-Viertel im Süden Roms auf der für 1942 geplanten Weltausstellung glänzen. Unter den faschistischen Monumentalbauten ragt der ****Palazzo della Civiltà del Lavoro** heraus. Für die Olympischen Spiele 1960 errichtete man südlich ein Sport- und Vergnügungsviertel, u.a. mit dem ****Palazzo dello Sport**, einem Rundbau von Nervi und Piacentini mit einer 100 m weiten Kuppel, der heute für Konzerte genutzt wird.

Die zahlreichen Museen der Trabantenstadt lohnen einen Besuch: das ***Prähistorische und Völkerkundliche Museum L. Pigorini** (Piazza G. Marconi 14, www.pigorini.beniculturali.it; Mo bis Sa 9–18, So/Fei 9–13 Uhr), das ***Museo dell'Alto Medioevo** (Museum des Hochmittelalters; Viale Lincoln 3, Di, Fr/Sa 9–14, Mi/Do, So 9–19 Uhr) sowie das ****Museo della Civiltà Romana** mit Exponaten aus frührömischer, aber auch aus klassischer Zeit; Hauptattraktion ist ein großes *Stadtmodell des antiken Rom (Piazza G. Agnelli 10, www.museocivilta romana.it; Di–So 9–14, Kasse bis 13 Uhr). Im selben Gebäude gewährt das **Planetario e Museo Astronomico** einen Blick in die Sterne (Sept.–Juni Di–Fr 9–14, Sa/So bis 19 Uhr, Juli/Aug. Di–Fr 20.30–23.30, Sa/So 16.30–23.30 Uhr; Vorführungszeiten siehe unter http://en.planetarioroma.it).

Claudio Aquäduct an der Via Appia

Restaurant

■ **Tatà**
Piazzale Guglielmo Marconi 11
Tel. 0 65 92 01 05
www.ristopizzeriatata.it, So geschl.
Mitten im EUR-Viertel gelegen, stylisch, gute Pizza und Pasta. ●–●●

■ Roms bester Eissalon, **Giolitti,** hat eine Filiale am **Viale Oceania 90.**

*Abbazia delle Tre Fontane 2

1 km nordöstlich des EUR-Viertels liegt eine Oase der Ruhe. Der Sage nach wurde der hl. Paulus 67 n. Chr. hier enthauptet; drei Quellen seien an Stellen entsprungen, die der Kopf des Heiligen berührte. Französische Trappistenmönche kümmern sich um die drei Kirchen des Klosters: S. Paolo (5. Jh.), SS. Vincenzo e Anastasio (7. Jh.) und S. Maria Scala Coeli (12. Jh.). Man kann unter Eukalyptusbäumen wandeln und Heilkräuter, Olivenöl, Salami und Schinken erwerben (Via di Acque Salvie 1, www.abbaziatrefontane.com, tgl. 8–12.30, 15–18 Uhr).

**Via Appia Antica 3

Rom › *Parco degli Scipioni › *Porta San Sebastiano › *Domine Quo Vadis? › **Katakomben von San Callisto › *Katakomben der Domitilla › *San Sebastiano › Rom

Dauer: ½ Tag
Praktische Hinweise: Ab Ⓜ Piramide (B) Bus 118; ab Ⓜ Arco di Travertino (A) Bus 660; ab Ⓜ S. Giovanni (A) Bus 218; oder Archeobus (› S. 23). Von der Porta San Sebastiano bis zur 5. Meilensäule sind es 5,5 km, Fahrradverleih am Infopoint. So/Fei ist die Via Appia Fußgängern und Radfahrern vorbehalten (9–18, Winter bis 17 Uhr). San Sebastiano So, San Callisto Mi geschl.! Die **Appia Antica Card** (6 €) gilt sieben Tage und berechtigt zum Besuch der Caracallathermen, des Grabmals der Cecilia Metella und der Villa dei Quintili.

Reisende benötigten früher für die exakt 365 römischen Meilen auf dem holprigen Pflaster der ältesten römischen Konsularstraße zwei lange Wochen. Wichtige Nachrichten gelangten durch ein ausgeklügeltes Informationssystem mit Lichtsignalen oder durch reitende Boten, die alle sieben bis zwölf Meilen die Pferde wechselten, in deutlich kürzerer Zeit nach Rom. Eine Kopie der 1. Meilensäule, kurz hinter der Porta San Sebastiano auf der rechten Seite, legt Zeugnis ab vom Baubeginn jener *Regina viarum* (312 v. Chr.). Erster Bauherr war der Zensor Appius Claudius. Schnurgerade führte sie anfangs gen Süden bis Capua und wurde um 190 v. Chr. bis zum wichtigen Militärhafen Brundisium (Brindisi) in Apulien weitergebaut.

*Parco degli Scipioni A

Noch vor der Aurelianischen Mauer liegt der Parco degli Scipioni mit dem ***Grab der Scipionen,** der Frührenaissance-Residenz des Kardinals Bessarion und dem **Kolumbarium des Pomponius Hylas** mit üppigen Wandmalereien. (Kolumbarium n.Voranmeldung, Tel. 06 67 10 38 19; Grab der Scipionen auf unbestimmte Zeit geschl.)

*Porta San Sebastiano B

Vorbei am Drususbogen, über den einst ein Aquädukt führte, gelangt man zur Dokumentationsstätte der römischen Stadtmauern, **Museo delle Mura Aureliane** (Tel. 06 70 47 52 84; Di bis So 9–14, Einlass bis 13 Uhr), die im antiken Wachturm der Porta San Sebastiano, dem größten Tor der Aurelianischen Mauer, untergebracht ist. Im Museum ist zu erfahren, dass das hier am besten erhaltene Mauerstück auch kultische Bedeutung hatte: Es zeichnete die Umrisse eines Löwen nach. Durch den Bau dieser Mauer wurde der erste Abschnitt der Via Appia zur innerstädtischen Straße (heute Via di Porta San Sebastiano).

Tomba di Geta C und *Tomba di Priscilla D

Nach der Porta San Sebastiano tauchen die ersten Monumente an der Via Appia auf: die Marrana della Caffarella, ein Rinnsal, in dem Priesterinnen der Kybele die rituelle Waschung des Bildnisses der großen Muttergöttin, der Magna Mater, vollzogen; die **Tomba di Geta**, jüngster Sohn des Septimus Severus, den sein Bruder Caracalla ermorden ließ; und die **Tomba di Priscilla**, ein großes Grabmal für die Ehefrau eines einflussreichen Römers.

*Kirche Domine Quo Vadis? E

800 m hinter der Porta San Sebastiano steht das legendenumrankte Kirchlein Domine Quo Vadis? (»Herr, wohin gehst Du?«). Hier soll während der neronischen Christenverfolgungen Petrus auf der Flucht Jesus erschienen sein und ihn zur Umkehr zu seiner Gemeinde bewegt haben. In der Kirche soll der Abdruck eines Fußpaares auf einer Marmorplatte das Ereignis bezeugen. Tatsächlich handelt es sich bei der Kopie des Votivbildes um die Danksagung eines Reisenden, der seinen vermutlich keltischen Göttern nach glücklicher Ankunft auf diese rituelle Weise opferte (nur zur Messe geöffnet, Winter Mo–Sa 6, So/Fei 9, 11, Sommer tgl. 7 Uhr).

- A Parco degli Scipioni
- B Porta San Sebastiano
- C Tomba di Geta
- D Tomba di Priscilla
- E Domine Quo Vadis?
- F Katakomben von San Callisto
- G Katakomben der Domitilla
- H Mausoleo Fosse Ardeatine
- I Katakomben von San Sebastiano
- J Grabmal der Cecilia Metella

San Sebastiano

12 **Katakomben von San Callisto F

Sie waren im 3. Jh. die wichtigsten christlichen Begräbnisstätten Roms: Sechs heiliggesprochene Päpste fanden hier die letzte Ruhe. Der Sarg Santa Cäcilias (› S. 125) stand hier bis zum 9. Jh. Sehenswert sind die Krypta der Lucina und Wandmalereien mit **Darstellungen aus der Liturgie der Urgemeinden.** Die 12 000 m² große Anlage hat vier Etagen (Tel. 06 51 30 15 80; Do–Di 9–12, 14 bis 17 Uhr; Feb. geschl.).

Echt gut!

*Katakomben der Domitilla G

Der Friedhof an der Kreuzung zur Via delle Sette Chiese gehörte der aus kaiserlicher Familie stammenden Flavia Domitilla. Einen Besuch lohnen das Hypogäum der Flavier und die Basilika mit Gräbern der heiligen Nereus und Achilleus (Tel. 0 65 11 03 42; Mi bis Mo 9–12, 14–17 Uhr, Mitte Dez.–Mitte Jan. geschl.).

*Mausoleo Fosse Ardeatine H

Das Mausoleo erinnert an das von SS-Truppen verübte Massaker an 335 römischen Zivilisten, unter ihnen 75 Juden und ein katholischer Priester. Der jüngste der Ermordeten war erst 14 Jahre alt. Diese barbarische Vergeltung war die Reaktion auf ein Bombenattentat am 23. März 1944 in der Via Rasella (Nähe Palazzo Barberini), bei dem 32 SS-Leute umkamen. Als einer der Haupttäter wurde der ehemalige SS-Offizier Erich Priebke 1998 nach aufsehenerregendem Prozess zu lebenslanger Haft verurteilt (Largo Martiri Fosse Ardeatine 9; Mo–Fr 8.15 bis 15.15, Sa/So 8.15–16.15 Uhr).

**Katakomben und *Basilika San Sebastiano I

Weiter geht es nun zu den Katakomben von San Sebastiano (Tel. 0 67 85 03 50; Mo–Sa 8–13, 14–17 Uhr, www.catacombe.org). Lange war die im 4. Jh. errichtete Titularkirche Roms den Aposteln Petrus und Paulus geweiht, weil ihre Gebeine hier zeitweise ruhten (Memoria apostolorum). Später entschied man sich, die Kirche einem besonders qualvoll verstorbenen christlichen Märtyrer, dem unter Diokletian hingerichteten Legionär Sebastian, zu weihen.

Den altgriechischen Namensursprung der unterirdischen

Grabstätten (*katá kymbos* = bei den Höhlen) hat bestes römisches Küchenlatein zu *ad katakumbas* und der heutigen Bezeichnung gewandelt. In Rom finden sich viele weitere Katakomben. Die ältesten sind die *Katakomben der Priscilla im Norden Roms.

In den vier Etagen der Katakomben beeindrucken vor allem die Wandzeichnungen und Ornamente sowie die unterirdischen Versammlungsstätten. In der im 17. Jh. umgebauten, zu Roms sieben Titularkirchen zählenden **Basilika San Sebastiano** lohnt ein Blick auf Berninis Statue des Heiligen, der eher unfreiwillig zum Wegbereiter der modernen Kunst avancierte: Da er entblößt den Märtyrertod gestorben sein soll, konnten ihn die Künstler ohne Gefahr nackt darstellen.

Nicht nur im Christentum wurden Gebeine in Katakomben bestattet. Gegenüber S. Sebastiano findet sich in den ***Jüdischen Katakomben** (Via Appia Antica 119 a, Info und Voranmeldung Tel. 06 68 80 68 97) ein unterirdischer Synagogenraum.

*Grabmal der Cecilia Metella J

Nach den Überresten des Circo di Massenzio, die sich hinter dem *Grabmal des 309 verstorbenen Kaisersohnes Romulus befinden, folgt das Grabmal der 50 v. Chr. verstorbenen Cecilia Metella (Tel. 06 39 96 77 00, April–Sept. Di–So 9–19.15, Nov.–Feb. 9–16.30 Uhr, sonst bis 1 Std. vor Sonnenuntergang).

3. bis 5. Meilensäule

80 m vor der **3. Meilensäule** stehen der 11 m hohe Travertinturm und die Kirche San Nicola, die den Himmel als Dach besitzt. Das kreisrunde Grabmal diente, wie die später applizierten Zinnen verdeutlichen, als Festung.

In Höhe der **4. Meilensäule** befindet sich ein Grab, das Seneca zugeschrieben wird. Besonders beeindruckend sind jedoch die häufig profanen Inschriften und Grabreliefs an den Sarkophagen in Höhe der **5. Meilensäule** (bis zur Querstraße Via Tor Carbone). In Erinnerung bleiben sicher auch das Grab einer Isis-Priesterin, das restaurierte Grab der Rabirii und das sog. Girlandengrab.

Die Via Appia gibt nach der 5. Meilensäule erstmals ihre schnurgerade Richtung auf: Hier berührte der Wegverlauf die Ge-

Römische Campania: Via Appia

meindegrenzen des alten Alba Longa, die nicht überschritten werden durften, ein religiöses wie politisches Tabu.

Info

Punto Info Parco Regionale dell'Appia Antica
Via Appia Antica 58
Tel. 0 65 13 53 16,
www.parcoappiaantica.it
April–Okt. tgl. 9.30–17, Nov.–März tgl. bis 16 Uhr; Führungen (engl.) und Echt gut! **Fahrradverleih, auch Kinderräder.**

Restaurants

Zwei romantische und gute Landgaststätten sind das **Ristorante Cecilia Metella, Via Appia Antica 125, Tel. 0 65 13 67 43**; und die **Hostaria Antica Roma, Via Appia Antica 87, Tel. 0 65 13 28 88.** Beide Mo geschl., beide ●●

Ostia

Rom › **Ostia Antica › Lido di Ostia › Rom

Dauer: 1 Tag
Praktische Hinweise: Zug ab Stazione Porta San Paolo Ⓜ Piramide bis Stazione Ostia Antica und weiter bis Lido Centro. Per Auto über Via Ostiense und Via del Mare (SS8). Bei ausreichendem Wasserstand ist die reizvolle Anreise mit dem Tiberschiff möglich (ab Ponte Marconi, 2 Std., ganzjährig, www.battellidiroma.it).
Ausgrabungen und Museum Ostia Antica Mo geschl.

**Ostia Antica 4

Die ****Archäologische Zone Ostia Antica** (Via Romagnoli 717, Eingang Via del Mare: Tel. 06 56 35 80 99, www.archeoroma.beniculturali.it; April–Aug. Di bis So 8.30–19.15, Sept. bis 19, Okt. bis 18.30, Nov.–15. Feb. bis 16.30, 16. Feb.–März bis 17 Uhr; Kasse schließt jeweils 1 Std. früher) bietet einen **Überblick über die Alltagskultur der Antike.** Echt gut Paläste, vierstöckige Mietshäuser *(Insulae)* und Speicher, Tempel, Markthallen, Osterien wurden seit 1802 aus dem Tibersand gegraben.

Im 1. Jh. stieg die Stadt zum Zentrum der Lebensmittelversorgung Roms auf und hatte bis zu 75 000 Einwohner. Heute liegt die Ausgrabungsstätte knapp 6 km vom Meer entfernt. Eine Vorstellung des antiken Stadtgefüges vermittelt der Rundgang von der Porta Romana bis zum Forum (ca. 2,5 Std.). Archäologisch Interessierte können ihn bis zur Porta Marina fortsetzen (4 Std.).

An der Via delle Tombe sind mit den Kolumbarien und der ***Tomba degli Archetti** interessante Gräber zu besichtigen.

An der ***Statue der Minerva-Vittoria** beginnt der Decumanus Maximus, Ostias einstige Hauptstraße. Den **Terme dei Cisiarii** folgen die ***Terme di Nettuno.** In der **Kaserne der Vigiles** waren etwa 400 Soldaten stationiert.

Das **Theater des Agrippa** wurde zur Zeit des Augustus errichtet. Den halbrunden Zuschauerraum umfassen zwei übereinanderliegende Säulenreihen.

Links vom **Hause des Apuleius** ist der Eingang zum *Mithräum der sieben Himmel (Mitreo dei Sette Cieli), eines der 17 in Ostia gefundenen Mithrasheiligtümer aus dem 2. und 3. Jh. n. Chr.

In den **Grandi Horrea** befand sich einmal das größte kommerzielle Zentrum Ostias.

Linker Hand zweigt die ***Via della Casa di Diana** ab, eine antike Wohnstraße. Schanktische mit steinernen Versenkungen und Fresken, die Nahrungsmittel zeigen, lassen die Atmosphäre erahnen. Es folgt das auf drei Insulae verteilte **Caseggiato dei Dipinti** mit schönen Fresken und Mosaiken (»Monatsmosaik« aus dem 4. Jh.).

Eine Treppe führt zum **Archäologischen Museum** (Museo Ostiense), das im Casone del Sale (Salzhaus) aus dem 15. Jh. untergebracht ist (So generell 9–13.30, April–Okt. Di–Sa 9–13.30, 14.15–18.30, März 9–17.30, Nov.–Feb. 9 bis 16.30 Uhr, Kasse schließt jeweils 1 Std. früher). Einmalige Exponate sind der *Sarkophag des Priesters der Kybele (3. Jh.), der *Torso des Asklepios, ein Original aus hellenistischer Zeit, Bildnisse Trajans und Faustinas, der Gattin des Antoninus Pius.

Rechter Hand des Cardo Maximus ist das **Lapidarium** von Ostia im einstigen *Kleinen Markt. **Kapitol** und **Forum** von Ostia finden sich an der Kreuzung von

1 EUR-Viertel
2 Abbazia delle Tre Fontane
3 Via Appia Antica
4 Ostia Antica
5 Lido di Ostia
6 Tivoli
7 Villa Adriana

Decumanus Maximus und Cardo Maximus.

In Höhe des Castrum zweigt der Decumanus Maximus nach Süden ab. An der nördlich weiterverlaufenden **Via della Foce** findet sich die ***Area Sacra** (Heilige Zone) aus republikanischer Zeit, deren Tempel bis ins 3. Jh. n. Chr. genutzt wurden. Das ***Haus von Amor und Psyche** ist eines der besterhaltenen Gebäude der Ausgrabungszone.

Im weiteren Verlauf der Via della Foce sind rechts vom Decumanus Maximus Reste einer frühchristlichen Basilika zu sehen, die ***Insula delle Muse** (Mietshaus der Musen). Linker Hand steht die **Schule des Trajan**, die vermutlich Sitz der antiken Schiffsbauerzunft war.

Reste der **Jüdischen Synagoge** und vor allem die **Tavernen der Fischverkäufer** mit kunstvoll gestalteten *Mosaiken bilden den Abschluss des Rundgangs.

Auf dem Rückweg zum Kassenhäuschen lohnt ein Blick auf das **Heiligtum der Kybele** und den **Tempel der Magna Mater** (Großen Muttergöttin).

Lido di Ostia 5

Der **Lido di Ostia**, Naherholungsgebiet und Badewanne der Hauptstädter, erstreckt sich beiderseits der Tibermündung: 7 km Sandstrände, Campingplätze und touristische Infrastruktur.

Echt gut!

Ein **gepflegter, 6 km langer heller Sandstrand** ist in das Naturschutzgebiet **Castel Fusano** integriert. Mit dem Zug Rom–Ostia bis zur Endstation Cristoforo Colombo, von dort in der Badesaison Busse zu den sieben Strandzugängen (*cancelli*). FKK-Anhänger haben kurz vor Torvaianica einen Strandabschnitt für sich in Beschlag genommen.

Restaurant

La Capannina a Mare
Lungomare Amerigo Vespucci 156
Tel. 06 56 47 01 43
www.lacapannina.it, Mo geschl.
Das Restaurant am Meer serviert exzellente Fischgerichte. ●●●

Tivoli 6

Rom › Tivoli › ***Villa Adriana › Rom

Dauer: 1 Tag
Praktische Hinweise: Mit dem Auto über A24 Richtung L'Aquila, Abfahrt Tivoli. Regionalbahn FR2 Roma Tiburtina–Tivoli oder Cotral-Bus ab Ⓜ Ponte Mammolo (B) bis Tivoli: Largo Nazioni Unite; alle 30 Min. Bus zur Villa d'Este und der Abzweigung zur Villa Adriana. Direktverbindung mit Bus Tivoli über Via Prenestina zur Villa Adriana.
Villa Gregoriana und Villa d'Este Mo. geschl.

Tivoli, Roms antiker Steinbruch, ist besonders im Sommer ein beliebtes Ausflugsziel. Neben der ***Villa Gregoriana** (www.villagregoriana.it, April–Mitte Okt. Di–So 10–18.30 Uhr, März u. Mitte Okt.–Nov. 10–14.30 Uhr, Kasse

In den idyllisch wirkenden Gartenanlagen der Villa Adriana

schließt jeweils 1 Std. früher) mit dem 100 m herabstürzenden Wasserfall des Aniene-Flusses faszinieren besonders die Brunnen und Wasserspiele im Park der Spätrenaissancevilla des Kardinals Ippolito II d'Este: ****Villa d'Este** (Tel. 07 74 33 29 20, www.villadestetivoli.info; Di–So 8.30 Uhr bis 1 Std. vor Sonnenuntergang, 8 €). Franz Liszt ließ sich hier zu seinen »Jeux d'eau à la Villa d'Este« inspirieren. Die Villa d'Este gehört wie die Villa Adriana zum UNESCO-Weltkulturerbe.

Unterhalb von Tivoli, 1 km von der Via Tiburtina entfernt (Abzweigung), ließ sich Kaiser Hadrian mit der *****Villa Adriana** 7 nach eigenen Plänen sein Imperium Romanum in Miniaturform nachbilden. Am Eingang kann man ein Modell der Anlage studieren. Welche Ausmaße der Sommersitz des Philosophen-Cäsaren besessen haben muss, illustriert die Zahl von 5000 Sklaven, die in unterirdischen Gängen für die Versorgung des kaiserlichen Erholungskomplexes sorgten.

Eindrucksvoll sind das romantische **Teatro marittimo,** der Rückzugsort des Kaisers auf einer künstlichen Insel, sowie ***Canopus**, das dem gleichnamigen Tal bei Alexandria in Ägypten nachempfunden ist (www.pierreci.it, Tel. 07 74 38 27 33, Mai–Aug. tgl. 9–19.30 Uhr, sonst bis 1 Std. vor Sonnenuntergang, Kasse schließt 1,5 Std. früher; 10 €).

Info

P.I.T. Ufficio Informazioni
Largo Nazioni Unite][Tivoli
Tel. 07 74 31 35 36
www.aptprovroma.it

Restaurant

Il Ciocco
Via Ponte Gregoriano 33][Tivoli
Tel. 07 74 33 34 82
Mit Blick auf den verwunschenen Garten der Villa Gregoriana. Di. geschl. ●●

Infos von A–Z

Ärztliche Versorgung

Kostenlose Erste Hilfe bieten die Notaufnahmen der Krankenhäuser, doch empfiehlt sich der Abschluss einer privaten Reisekrankenversicherung sowie die Mitnahme der Europäischen Versichertenkarte (EHIC).

Behinderte

Rom ist – im Gegensatz zum Vatikan – keine behindertengerechte Stadt, und auch die öffentlichen Verkehrsmittel sind nur sehr eingeschränkt nutzbar. Nur wenige Metrostationen sind behindertengerecht ausgebaut. Infos bei HandyTurismo, Via dell'Acquedotto Paolo 73, 00168 Rom (Mo–Fr 9–17 Uhr) oder unter Tel. 06 35 07 57 07, www.handyturismo.it (engl.) sowie unter Service-Tel. 06 57 17 70 94.

Diplomatische Vertretungen

- **Bundesrepublik Deutschland:** Via San Martino della Battaglia 4 (Botschaft und Konsulat), Tel. 06 49 21 31, www.rom.diplo.de
- **Österreich:** Via Pergolesi 3 (Botschaft), Tel. 0 68 44 01 41, www.austria.it
- **Schweiz:** Via Barnaba Oriani 61 (Botschaft), Tel. 06 80 95 71, www.eda.admin.ch/roma

Geld und Währung

Währungseinheit ist der Euro, Geldautomaten sind dicht gesät. Kreditkarten werden allgemein akzeptiert.

Information

- In Rom: **Turismo di Roma,** Via Leopardi 24, 00185 Rom, www.turismoroma.it, **Callcenter:** Tel. 06 06 08, www.060608.it; **P. I. T.** (Infopunkte): Flughafen Fiumicino (Terminal 3, Ankunftshalle), Flughafen Ciampino (Ankunftshalle, Gepäckabholung), Stazione Termini (Gebäude F, Gleis 24), Stazione Tiburtina (Nomentano, Fernbhf.), Via dei Fori Imperiali (Zentrum, Forum Romanum), Via Nazionale (Palazzo delle Esposizioni), Via Marco Minghetti (Fontana di Trevi), Piazza delle Cinque Lune (Navona), Piazza Pia (Castel Sant'Angelo), Piazza Sonnino (Trastevere).
- Vatikanstadt: **Informationsbüro für Pilger und Touristen** (Ufficio pellegrini e turisti), Petersplatz, linke Seite, Tel. 06 69 88 48 96 und 06 69 88 58 62, www.vatican.va.
- **Deutsches Pilgerzentrum,** Via del Banco di S. Spirito 56, Tel. 0 66 89 71 97, www.pilgerzentrum.de
- Büros der **ENIT:**
00185 **Rom,** Via Marghera 2, Tel. 0 64 97 11, Fax 0 64 46 33 79, www.enit.it.
60325 **Frankfurt/Main,** Barckhausstr. 10, Tel. 0 69/23 74 34, Fax 23 28 94.
1060 **Wien,** Mariahilfer Str. 1b, Tel. 01/5 05 16 39; Fax 5 05 02 48.
8001 **Zürich,** Uraniastr. 32, Tel. 043/466 40 40, Fax 466 40 41.

Notruf

- Polizei, Feuerwehr, Unfallrettung: Tel. 1 12
- Pannendienst des ACI: 116 oder 06 51 49 71
- ADAC-Notrufnummer in Italien: 800 32 22 22 (24 Std., kostenfrei), Handy 0039 03 92 10 41.

Gut zu wissen

■ **Fahrverbote und Parkplätze:** Die Zufahrt ins historische Zentrum (ZTL-Bereich) ist nur Fahrzeugen mit einer speziellen Genehmigung erlaubt. Ausnahme: Die Hotelanfahrt ist gestattet. Während Ihres Aufenthaltes sollten Sie das Auto in der Hotelgarage lassen. Ansonsten parken Sie auf einem der bewachten und kostenpflichtigen Parkplätze am Stadtrand (innerhalb vom Autobahnring), die direkt an den öffentlichen Nahverkehr angeschlossen sind (www.atac.roma.it): **Rebibbia** (Nordosten, Metrolinie B), Zufahrt: Via Casal de' Pazzi; **Anagnina** (Süden, Metrolinie A) Zufahrt: Via Tuscolana; **Laurentina** (Süden, Metrolinie B) Zufahrt: Via Francesco De Suppè (1,50 € für die ersten 12 Std., 2,50 € für bis zu 16 Std.).

■ **Sammeltickets für Museen:** Der **Roma Pass** (30 €, www.romapass.it) gilt 3 Tage und beinhaltet freien Eintritt zu den ersten beiden besuchten Museen oder Ausgrabungen sowie Ermäßigungen bei allen weiteren. Zudem ist die Nutzung des Nahverkehrs enthalten; entspricht im Umfang dem BTI-Ticket (› S. 22).

Neben der 7 Tage gültigen **Roma Archaeologia Card** (23 €, › S. 50), gültig für Kolosseum, Forum Romanum, Palatin, Palazzo Altemps, Palazzo Massimo, Terme di Diocleziano, Crypta Balbi, Terme di Caracalla, Grabmal der Cecilia Metella und Villa dei Quintili, gibt es weitere Sammeltickets: Die **Appia Antica Card** (6 €, 7 Tage gültig) gewährt den Zugang zu den Caracallathermen, dem Grabmal der Caecilia Metella und der Villa dei Quintili. Für den Besuch von **Forum Romanum, Palatin und Kolosseum** ist der Kauf eines 2 Tage gültigen Sammeltickets (12 €) obligatorisch. Mit dem Ticket **Museo Nazionale Romano** (7 €, 3 Tage gültig) gelangt man in die vier Zweigstellen des Museums (Diokletiansthermen, Palazzo Massimo, Crypta Balbi, Palazzo Altemps). Die **Capitolini Card** (10,50 €, 7 Tage gültig) ermöglicht den Eintritt in die Kapitolinischen Museen und das Centrale Montemartini. Die Karten sind im APT, Via Parigi 11 (s. »Information«), sowie an den jeweiligen Museumskassen und online (www.ticketclic.it) erhältlich. Bei Sonderausstellungen werden Zuschläge erhoben.

! Die Eintrittspreise für Museen liegen i.d.R. zwischen 4 und 8 Euro. In staatlichen Museen haben EU-Bürger unter 18 und über 65 Jahren gegen Vorlage des Ausweises freien Eintritt, 18–24-Jährige bekommen Ermäßigungen.

Toiletten: Museen und viel besuchte Kirchen verfügen über akzeptable Toiletten, ebenso der Bahnhof Termini. In Bars und Cafés wird erwartet, dass Sie etwas konsumieren.

■ **Verbote:** Rauchverbot in allen öffentlichen Gebäuden und gastronomischen Einrichtungen (spezielle Raucherzonen sind ausgeschildert). An einigen populären Sehenswürdigkeiten, z.B. an der Spanischen Treppe, ist der Verzehr von mitgebrachten Speisen und Getränken verboten. Diese Regelung gilt ganzjährig; Verstöße werden mit Geldstrafen geahndet. Bitte achten Sie auf entsprechende Beschilderungen.

Öffnungszeiten

■ **Banken:** Mo–Fr 8.30–13.30 und 14.15 bzw. 15–15.30 bzw. 16.15 Uhr.

■ **Geschäfte:** 8.30/9–12.30/13 Uhr sowie 15.30/16–19.30/20 Uhr. Lebensmittelläden sind Do nachmittags, sonstige Geschäfte Okt.–Juni Mo vormittag, Juni–Okt. Sa nachmittag und So geschlossen. Viele Geschäfte im Zentrum öffnen auch sonntags und abends.

■ **Kirchen:** Mittags oft geschlossen.

■ **Museen:** Wegen kurzfristiger Änderungen am besten vorab telefonisch erfragen. Viele Sammlungen sind Mo geschlossen.

Infos zu den wichtigsten Denkmälern: www.museiincomuneroma.it, www.culturaitalia.it

Post

■ **Hauptpost:** Piazza San Silvestro, Tel. 06 67 71; Mo–Fr 8.30–18.30 Uhr, Sa 8.30–13 Uhr. Alle größeren Postämter haben dieselben Öffnungszeiten, z.B. das in der Via Scrofa 61.

■ **Kleinere Postämter** öffnen 8.30 bis 14 Uhr, Sa bis 13 Uhr.

■ **Vatikanpost** links an der Piazza San Pietro (neben der Buchhandlung) und rechter Hand (neben den Toiletten), Mo–Fr durchgehend 8.30–19 Uhr, Sa 8.30–18.45 Uhr; So geschlossen.

Rechnungen und Belege

Die Quittungen *(ricevuta fiscale)* inkl. Mehrwertsteuer *(IVA)* für Dienstleistungen in Restaurants, Autowerkstätten u.Ä. muss man einige Zeit aufbewahren. Die Steuerpolizei kontrolliert sie!

Sicherheit

Taschendiebstähle, z.B. in den überfüllten Verkehrsmitteln oder rund um die Stazione Termini, kommen häufig vor. Deponieren Sie Ihre Wertsachen stets im Hotelsafe und parken Sie nur in Garagen oder auf bewachten Parkplätzen. Diebstähle können bei der Polizeidienststelle für Ausländer, Via Genova 2, Tel. 0 64 68 61 (nahe Piazza Repubblica, Buslinien: 60, 64, 70, 71) gemeldet werden.

Telefon und Handy

Telefonkarten (*scheda telefonica*) sind in Tabakläden (»T«) erhältlich. Die Ortsvorwahl ist fester Bestandteil der Telefonnummer, die »0« wird auch bei Telefonaten aus dem Ausland immer mitgewählt. Nur bei Handynummern fällt die »0« dann weg.

Über die Mobilfunknetze von Telecom Italia (TIM), Wind und Omnitel funktionieren Handys problemlos. Erfragen Sie die günstigsten Netze bei Ihrem Anbieter. Hinweise zu günstigen Mobil-Tarifen in Italien unter: www.teltarif.de/i/reise-itm.html.

■ **Internationale Ländervorwahlen:** Deutschland 00 49; Italien 00 39; Österreich 00 43; Schweiz 00 41.

Zoll

■ Für Reisende aus **EU-Staaten** gelten folgende Richtmengen (pro Person): 800 Zigaretten, 200 Zigarren, 1 kg Tabak, 10 l Spirituosen, 90 l Wein.

■ **Schweizer** dürfen Geschenke im Wert von 300 CHF, 200 Zigaretten, 1 l Spirituosen und 2 l Wein mitbringen.

Urlaubskasse	
Espresso al bar/ auf der Terrasse	1,50/ 4 €
Softdrink al bar/ auf der Terrasse	2,60/ 4,50 €
Glas Bier al bar/ auf der Terrasse	2,80/ 6 €
Imbiss (Panino, Pizza)	5 €
Kugel Eis	1 €
Taxifahrt (8–10 km)	15 €
Mietwagen/Tag	ab 40 €
1 l Superbenzin	1,79 €

Register

Bildnachweis

Alamy/AEP:127; Alamy/Arcaid: 14; Alamy/imagebroker: U2-Top12-11; Peter Amann: 29; Bildagentur Huber/Bernhart: 71; Bildagentur Huber/Gräfenhain: 11, 55; Bildagentur Huber/Johanna Huber: 56; Bildagentur Huber/G. Simeone: 74, 128; Michael Döschner: 50; Ralf Freyer: 2-1, 9, 34, 67, 68, 85, 99, 118, 124; Fotolia/Marie-Amélie: 48; Nikolaus Gross: 87; Herbert Hartmann: 26, 43, 53, 62, 93; Volkmar Janicke: 18; laif/Celentano: 113; laif/Galli: U2-Top12-12, 52; laif/F. Zanettini: 90, 132, 133; Sabine von Loeffelholz: 24 ,44 ,U2-Top12-07; LOOK-foto/Reinhard Dirscherl: U2-Top12-03; LOOK-foto/Franz Marc Frei: 120; LOOK-foto/Rainer Martini: 6, 38; LOOK-foto/Ingolf Pompe: U2-Top12-02, 2-2; LOOK-foto/travelstock44: U2-Top12-08, 92; Daniele Messina: 83, 100, 107; Orient: 64; mauritius-images/Imagebroker: 109; Erhard Pansegrau: 12, 36, 65, 111; Pixelio/ds: U2-Top12-04; Pixelio/Norbert Staudt: 21; Pixelio/suRom: U2-Top12-05, U2-Top12-06; Martin Thomas: 30; Hubert Stadler: 137; Wikipedia (gemeinfrei): 47; Ernst Wrba: U2-Top12-10, 22, 33, 60, 76, 77, 102, 115; Fulvio Zanettini: 17.

Polyglott im Internet: www.polyglott.de

Impressum

Wir freuen uns, dass Sie sich für einen Reiseführer aus dem Polyglott-Programm entschieden haben. Auch wenn alle Informationen aus zuverlässigen Quellen stammen und sorgfältig geprüft sind, lassen sich Fehler nie ganz ausschließen. Wir bitten um Verständnis, dass der Verlag dafür keine Haftung übernehmen kann. Ihre Hinweise und Anregungen sind uns wichtig und helfen uns, die Reiseführer ständig weiter zu verbessern. Bitte schreiben Sie uns:

GVG TRAVEL MEDIA GmbH, ein Unternehmen der GANSKE VERLAGSGRUPPE
Redaktion Polyglott, Harvestehuder Weg 41, 20149 Hamburg, redaktion@polyglott.de

Wir wünschen Ihnen eine gelungene Reise!

Herausgeber: GVG TRAVEL MEDIA GmbH
Redaktionsleitung: Grit Müller
Autoren: Jürgen Sorges (Originalautor) und Renate Nöldeke
Neukonzeption: Jürgen Sorges, Renate Nöldeke
Redaktion: Sylvi Schlichter
Bildredaktion: GVG TRAVEL MEDIA GmbH und Ulrich Reißer
Layout: Ute Weber, Geretsried
Titeldesign-Konzept: Studio Schübel Werbeagentur GmbH, München
Karten und Pläne: Kartographie Huber, Sebastian Laboor und Kartografie GVG TRAVEL MEDIA GmbH, Hamburg
Satz: Michael Welker; Schulz Bild & Text, Mainz
Druck und Bindung: Stürtz Mediendienstleistungen, Würzburg

Printed in Germany
Dieses Buch wurde auf chlorfrei gebleichtem Papier gedruckt.
ISBN 978-3-8464-0708-0

PEFC
PEFC/04-31-1404

Langenscheidt Mini-Dolmetscher Italienisch

Allgemeines

Guten Tag.	Buongiorno. [buon**dseho**rno]
Hallo!	Ciao! [**tschao**]
Wie geht's?	Come sta? [**ko**me sta]
Danke, gut.	Bene, grazie. [**bä**ne **gra**zje]
Ich heiße ...	Mi chiamo ... [mi kjamo]
Auf Wiedersehen.	Arrivederci. [arriwe**der**tschi]
Morgen	mattina [mat**ti**na]
Nachmittag	pomeriggio [pome**rid**seho]
Abend	sera [**ße**ra]
Nacht	notte [**not**te]
morgen	domani [do**ma**ni]
heute	oggi [**od**sehi]
gestern	ieri [**jä**ri]
Sprechen Sie Deutsch?	Parla tedesco? [**par**la te**des**ko]
Wie bitte?	Come, prego? [**ko**me **prä**go]
Ich verstehe nicht.	Non capisco. [non ka**pis**ko]
Sagen Sie es bitte nochmals.	Lo può ripetere, per favore. [lo pu**o** ri**pä**tere per fa**wo**re]
..., bitte.	..., per favore. [per fa**wo**re]
danke	grazie [**gra**zje]
Keine Ursache.	Prego. [**prä**go]
was / wer / welcher	che / chi / quale [ke / ki / **kua**le]
wo / wohin	dove [**do**we]
wie / wie viel	come / quanto [**ko**me / **kuan**to]
wann / wie lange	quando / quanto tempo [**kuan**do / **kuan**to **täm**po]
warum	perché [per**ke**]
Wie heißt das?	Come si chiama? [**ko**me ßi **kja**ma]
Wo ist ...?	Dov'è ...? [do**wä**]
Können Sie mir helfen?	Mi può aiutare? [mi pu**o** aju**ta**re]
ja	sì [ßi]
nein	no [no]
Entschuldigen Sie.	Scusi. [**sku**si]
Gibt es hier eine Touristeninformation?	C'è un ufficio di turismo qui? [**tschä** un uf**fi**tscho di tu**ris**mo **kui**]
Haben Sie einen Stadtplan?	Ha una pianta della città? [a **u**na **pjan**ta **del**la tschit**ta**]
Wann ist ... geöffnet?	A che ora è aperto (m.) / aperta (w.) ...? [a **ke o**ra ä a**pär**to / a**pär**ta]
das Museum	il museo (m.) [il mu**se**o]

Shopping

Wo gibt es ...?	Dove posso trovare ...? [**do**we **pos**so tro**wa**re]
Wie viel kostet das?	Quanto costa? [**kuan**to **kos**ta]
Wo ist eine Bank?	Dov'è una banca? [do**wä** una **bang**ka]
Ich suche einen Geldautomaten.	Dove posso trovare un bancomat? [**do**we **pos**so tro**wa**re un bangko**mat**]
Geben Sie mir 100 g Käse / zwei Kilo Pfirsiche	Mi dia un etto di formaggio / due chili di pesche. [mi **di**a un **ät**to di for**mad**seho / **du**e **ki**li di **päs**ke]
Wo kann ich telefonieren / eine Telefonkarte kaufen?	Dove posso telefonare / comprare una scheda telefonica? [**do**we **pos**so telefo**na**re / kom**pra**re una **ske**da tele**fo**nika]

Essen und Trinken

Die Speisekarte, bitte.	Il menu per favore. [il me**nu** per fa**wo**re]
Brot	pane [**pa**ne]
Kaffee	caffè / espresso [kaf**fä** / es**präs**so]
Tee	tè [tä]
mit Milch / Zucker	con latte / zucchero [kon **lat**te / **zuk**kero]
Orangensaft	succo d'arancia [**suk**ko da**ran**tscha]
Mehr Kaffee, bitte.	Un altro caffè, per favore. [un **al**tro kaf**fä** per fa**wo**re]
Suppe	minestra [mi**näs**tra]
Nudeln	pasta [**pas**ta]
Fisch / Meeresfrüchte	pesce / frutti di mare [**pe**sche / **frut**ti di **ma**re]
Fleisch	carne [**kar**ne]
Geflügel	pollame [pol**la**me]
Beilage	contorno [kon**tor**no]
vegetarische Gerichte	piatti vegetariani [**pjat**ti wedsehetar**ja**ni]
Ei	uovo [**uo**vo]
Salat	insalata [inßa**la**ta]
Dessert	dolci [**dol**tschi]
Obst	frutta [**frut**ta]
Eis	gelato [dsehe**la**to]
Wein	vino [**wi**no]
Bier	birra [**bir**ra]
Wasser	acqua [**a**kua]
Mineralwasser	acqua minerale [akua mine**ra**le]
mit / ohne Kohlensäure	gassata / naturale [gas**sa**ta / natu**ra**le]
Ich möchte bezahlen.	Il conto, per favore. [il **kon**to per fa**wo**re]